Korte Verhalen in het Engels

Korte verhalen in Engels voor beginners en gevorderden

Scott Evans

Inhoud

Inleiding

Lezen in een vreemde taal is een van de meest effectieve manieren om uw taalvaardigheid te verbeteren en uw woordenschat uit te breiden. Toch kan het soms moeilijk zijn om boeiend leesmateriaal op een geschikt niveau te vinden dat een gevoel van prestatie en vooruitgang geeft. De meeste boeken en artikelen die voor moedertaalsprekers zijn geschreven, kunnen te lang zijn en moeilijk te begrijpen, of kunnen een woordenschat op zeer hoog niveau hebben, zodat u zich overweldigd voelt en het opgeeft. Als deze problemen bekend klinken, dan is dit boek iets voor jou!

Korte Verhalen in het Engels is een verzameling van 25 onconventionele en onderhoudende korte verhalen die zijn ontworpen om beginnende tot gemiddeld niveau Engels lerenden te helpen hun taalvaardigheden te verbeteren.

Deze korte verhalen creëren een ondersteunende leesomgeving door het opnemen van:

- Rijke taalkundige inhoud in verschillende genres om u te vermaken en u bloot te stellen aan een verscheidenheid van woordvormen.
- Kortere verhalen in hoofdstukken om u de voldoening te geven verhalen af te maken en snel vooruitgang te boeken.
- Teksten die op uw niveau geschreven zijn, zodat ze gemakkelijker te begrijpen zijn en niet overweldigend.
- Nederlandse vertaling op wisselende pagina's, zodat u er regel voor regel direct naar kunt verwijzen terwijl u het Engels verhaal leest.
- De belangrijkste woordenschat staat vetgedrukt in

het hele verhaal en de vertaling, zodat u onbekende woorden gemakkelijker kunt begrijpen.
- Begrijpelijke vragen om uw begrip van belangrijke gebeurtenissen te testen en om u aan te moedigen meer in detail te lezen.

Dus of u nu uw woordenschat wilt uitbreiden, uw begrip wilt verbeteren of gewoon voor uw plezier wilt lezen, dit boek is de grootste stap voorwaarts die u dit jaar in uw studie zult maken. Korte Verhalen in het Engels geeft u alle steun die u nodig hebt, dus leun achterover, ontspan, en laat uw fantasie de vrije loop terwijl u wordt meegevoerd naar een magische wereld van avontuur, mysterie en intrige - in het Engels!

Hoe dit boek te gebruiken

Lezen is een moeilijk talent om onder de knie te krijgen. We gebruiken een reeks microvaardigheden om ons te helpen lezen in onze moedertaal. We kunnen bijvoorbeeld een passage doornemen om een globaal idee te krijgen van waar het over gaat. Of we kammen een groot aantal bladzijden van een treindienstregeling door op zoek naar een specifieke tijd of plaats. Terwijl deze microvaardigheden een tweede natuur zijn bij het lezen in onze moedertaal, blijkt uit onderzoek dat we de meeste ervan vaak vergeten bij het lezen in een vreemde taal. Wanneer we een vreemde taal leren, beginnen we gewoonlijk bij het begin van een tekst en werken we ons een weg door de tekst, waarbij we elk woord proberen te begrijpen. Onvermijdelijk komen we onbekende of ingewikkelde termen tegen en raken we geïrriteerd door ons onvermogen om ze te begrijpen.

Een van de grootste voordelen van het lezen in een vreemde taal is dat je wordt blootgesteld aan een groot aantal zinnen en uitdrukkingen die in alledaagse situaties worden gebruikt. Extensief lezen is een term die wordt gebruikt om het lezen voor plezier aan te duiden om een taal te leren. Het is niet zoals het lezen van een tekstboek, wanneer gesprekken of teksten zijn ontworpen om langzaam en zorgvuldig te worden gelezen met het doel om elk woord te begrijpen. "Intensief lezen" verwijst naar lezen dat wordt gedaan om specifieke leerdoelen te bereiken of taken te voltooien. Anders gezegd, intensief lezen in tekstboeken helpt meestal bij het leren van grammaticaregels en bepaalde woordenschat, maar extensief lezen van verhalen helpt bij het leren van natuurlijke taal.

Korte Verhalen in het Engels biedt u de mogelijkheid om meer te leren over natuurlijk Engels taalgebruik, ook al bent u uw taalleertocht misschien begonnen met uitsluitend tekstboeken. Hier zijn een paar tips om in gedachten te houden als u de verhalen in dit boek leest om er het meeste uit te halen: Als het op lezen aankomt, zijn plezier en een gevoel van vervulling van cruciaal belang. Je blijft terugkomen voor meer omdat je geniet van wat je aan het lezen bent. Elk verhaal van begin tot eind lezen is de beste methode om plezier te beleven aan het lezen van verhalen en je volbracht te voelen. Het belangrijkste is dan ook om het einde van een verhaal te halen. Dat is eigenlijk nog belangrijker dan elk woord te kennen.

Hoe meer je leest, hoe meer kennis je zult opdoen. U zult snel een kennis hebben van hoe Engels werkt als u grotere boeken leest voor uw plezier. Bedenk echter wel dat u, om ten volle van de voordelen van extensief lezen te kunnen profiteren, eerst een voldoende omvangrijk boek moet lezen. Door hier en daar een paar bladzijden te lezen leert u misschien een paar nieuwe woorden, maar het zal geen significant verschil maken in uw algehele niveau van Engels.

Accepteer dat je niet alles zult begrijpen van wat je in een roman leest. Dit is, zonder twijfel, het meest cruciale punt! Onthoud altijd dat het volkomen aanvaardbaar is dat u niet alle woorden of zinnen begrijpt. Het betekent niet dat je taalvaardigheden ontoereikend zijn of dat je slecht presteert. Het geeft aan dat u actief betrokken bent bij het leerproces.

Leesgids

Om het meeste uit het lezen van Korte Verhalen in het Engels te halen, kunt u het beste dit eenvoudige leesproces in zes stappen volgen voor elk hoofdstuk van de verhalen:

1. Lees de titel van het hoofdstuk. Denk na over waar het verhaal over zou kunnen gaan. Lees dan het verhaal helemaal door. Uw doel is gewoon het einde van het verhaal te bereiken. Stop daarom niet om woorden op te zoeken en maak u geen zorgen als er dingen zijn die u niet begrijpt. Probeer gewoon de plot te volgen.

2. Wanneer u het einde van het verhaal hebt bereikt, scant u de Nederlandse vertaling om te zien of u hebt begrepen wat er is gebeurd en pikt u alle context op die u misschien hebt gemist.

3. Ga terug en lees hetzelfde verhaal opnieuw. Als u wilt, kunt u zich meer op de details van het verhaal concentreren, maar anders leest u het gewoon nog een keer door.

4. Werk vervolgens door de begripsvragen in Engels om te controleren of u de belangrijkste gebeurtenissen in het verhaal begrijpt. Als u de vragen niet helemaal begrijpt, hoeft u zich geen zorgen te maken. Gebruik uw kennis om zo goed mogelijk te antwoorden.

5. Op dit punt moet u de belangrijkste gebeurtenissen van het hoofdstuk enigszins begrijpen. Als dat niet het geval is, kunt u het hoofdstuk een paar keer herlezen, waarbij u de vertaling gebruikt om onbekende woorden en zinnen te controleren, totdat u zich zeker voelt.

Zodra u klaar bent en zeker weet dat u begrijpt wat er is gebeurd - of dat nu na één lezing van het verhaal is of na meerdere - gaat u verder met het volgende verhaal en geniet u verder van het verhaal in uw eigen tempo, net zoals u van elk ander boek zou genieten.

Pas als u een verhaal in zijn geheel hebt uitgelezen, moet u overwegen terug te gaan en de verhaaltaal desgewenst verder uit te diepen. Of in plaats van u zorgen te maken of u alles begrijpt, de tijd te nemen om u te concentreren op alles wat u hebt begrepen en uzelf te feliciteren met alles wat u hebt gedaan.

Korte Verhalen

in het Engels

The Lake District

The Lake District is a beautiful place. It's full of green hills, clear lakes, and fresh air. I love to go there for walks and picnics. One day, I decided to take a walk around one of the lakes. The sun was shining and the water looked so inviting. I walked for a while, enjoying the scenery. Suddenly, I heard a noise behind me. It sounded like someone was following me! I turned around and saw a man walking towards me with an angry look on his **face**. He was carrying a knife! I started to run away from him as fast as I could. Luckily, I managed to lose him in the maze of trees and bushes near the lake **shoreline**. I was shaken after my encounter with the man with the knife. I decided to head back to the picnic area where my **friends** were waiting for me.

As I walked, I couldn't help but feel like someone was **watching** me. When I got back to the picnic area, my friends were relieved to see me. We packed up our things and went home. I didn't tell them about what had happened, but it was hard to forget. A few days later, I decided to go for another **walk** around the lake. This time, I took a different route. But once again, I heard footsteps behind me and felt like someone was following me. I am getting really scared now. I started to

Het Lake District

Het Lake District is een prachtige plek. Het zit vol met groene heuvels, heldere meren, en frisse lucht. Ik ga er graag naartoe voor wandelingen en picknicks. Op een dag besloot ik een wandeling te maken rond een van de meren. De zon scheen en het water zag er zo uitnodigend uit. Ik liep een tijdje en genoot van het landschap. Plotseling, hoorde ik een geluid achter me. Het klonk alsof iemand me volgde! Ik draaide me om en zag een man op me aflopen met een boze blik op zijn **gezicht**. Hij had een mes bij zich! Ik begon zo hard als ik kon van hem weg te rennen. Gelukkig kon ik hem kwijtraken in het doolhof van bomen en struiken bij de **oever van** het meer. Ik was geschokt door mijn ontmoeting met de man met het mes. Ik besloot terug te gaan naar de picknickplaats waar mijn **vrienden** op me wachtten.

Terwijl ik liep, had ik het gevoel dat iemand me **in de gaten hield**. Toen ik terugkwam bij de picknickplaats, waren mijn vrienden opgelucht me te zien. We pakten onze spullen en gingen naar huis. Ik vertelde hen niet wat er gebeurd was, maar het was moeilijk te vergeten. Een paar dagen later besloot ik weer een **wandeling** rond het meer te maken. Deze keer nam ik een andere route. Maar weer hoorde ik voetstappen achter me en

run, but the footsteps got **closer** and closer. Suddenly, someone grabbed me from behind! I screamed as loud as I could. Luckily, it was just my friend playing a prank on me. But even though it wasn't a real attacker, my **heart** was still pounding in my chest. After that incident, I didn't go for any more walks around the lake by myself. It was just too scary. But every time I went there with friends or family, I couldn't help but feel like someone was watching me from the **shadows**.

One year later, I finally summoned the **courage** to go for a walk around the lake by myself again. I told myself that I was being silly and that there was nothing to be afraid of. But as soon as I started walking, I heard those footsteps again. This time, they were closer than ever before. I was about to **scream** when I heard a voice behind me. "Don't worry, I'm not going to hurt you." It was the man with the knife! He explained that he had been following me because he wanted to apologise for scaring me. He said that he was going through a tough time in his life and hadn't meant to scare me. We ended up talking for a while, and I found out that he wasn't really a bad guy after all. We became friends and now go for **walks** around the lake together all the time.

had ik het gevoel dat iemand me volgde. Ik werd nu echt bang. Ik begon te rennen, maar de voetstappen **kwamen** steeds dichterbij. Plotseling greep iemand me van achteren vast! Ik schreeuwde zo hard als ik kon. Gelukkig, was het gewoon mijn vriend die een grap met me uithaalde. Maar ook al was het geen echte aanvaller, mijn **hart** bonsde nog steeds in mijn borstkas. Na dat incident, ging ik niet meer in mijn eentje rond het meer wandelen. Het was gewoon te eng. Maar elke keer als ik er met vrienden of familie heen ging, had ik het gevoel dat iemand me vanuit de **schaduw in de gaten** hield.

Een jaar later verzamelde ik eindelijk de **moed** om weer alleen rond het meer te gaan wandelen. Ik zei tegen mezelf dat ik onnozel was en dat er niets was om bang voor te zijn. Maar zodra ik begon te lopen, hoorde ik die voetstappen weer. Deze keer waren ze dichterbij dan ooit tevoren. Ik stond op het punt om te **schreeuwen** toen ik een stem achter me hoorde. "Maak je geen zorgen, ik zal je geen pijn doen." Het was de man met het mes! Hij legde uit dat hij me volgde omdat hij zich wilde verontschuldigen voor mijn schrik. Hij zei dat hij een moeilijke tijd doormaakte in zijn leven en dat hij me niet had willen laten schrikken. We hebben een tijdje gepraat en ik kwam erachter dat hij helemaal niet zo'n slechte kerel was. We werden vrienden en nu gaan we altijd samen wandelen rond het meer.

Comprehension Questions

1. What does the protagonist love to do in the Lake District?

2. What does the protagonist see when they look at the lake?

3. What does the protagonist hear when they are walking around the lake?

4. Who is following the protagonist around the lake?

5. What does the protagonist do when they hear someone following them?

6. Does the protagonist ever find out who was following them around the lake?

7. Does the protagonist go for any more walks around the lake by themselves?

8. How does the protagonist feel when they are in the Lake District?

9. What is the protagonist's favourite memory of the Lake District?

10. Does the protagonist ever see the man with the knife again?

Begrip vragen

1. Wat doet de hoofdpersoon graag in het Lake District?

2. Wat ziet de hoofdpersoon als hij naar het meer kijkt?

3. Wat hoort de hoofdpersoon als ze rond het meer lopen?

4. Wie volgt de hoofdpersoon rond het meer?

5. Wat doet de hoofdpersoon als hij hoort dat iemand hem volgt?

6. Komt de hoofdpersoon er ooit achter wie hen rond het meer volgde?

7. Maakt de hoofdpersoon nog meer wandelingen rond het meer alleen?

8. Hoe voelt de hoofdpersoon zich als ze in het Lake District zijn?

9. Wat is de favoriete herinnering van de hoofdpersoon aan het Lake District?

10. Ziet de hoofdpersoon de man met het mes ooit nog terug?

Snowdonia

The first time I ever saw Snowdonia was in a **dream**. It was a cold winter night and the snow was falling gently from the sky. The landscape was so beautiful and peaceful that I felt like I could stay there forever. I woke up the next **morning** with the image of Snowdonia burned into my mind. I knew that I had to see it for myself someday. A few years later, I finally made the trip to Snowdonia National Park in Wales. As soon as I arrived, I understood why my dreams had been so filled with this place. It was like nowhere else on Earth. The mountains loomed large overhead, their peaks covered in **snow** even though it was summertime down in the valley below. There were wildflowers blooming everywhere, and the air smelled fresh and clean. Every day during my visit, I went on new adventures, **exploring** different parts of Snowdonia. One day, I hiked to the top of Mount Snowdon, the highest peak in Wales.

Another day I took a **boat** ride across Llyn Glaslyn, admiring the stunning scenery along the way. And on one memorable evening, I sat outside under the **night** sky, watching as shooting stars streaked across the dark abyss above me. But no matter what activity I did each day or how long I stayed in Snowdonia National

Snowdonia

De eerste keer dat ik Snowdonia zag, was in een **droom**. Het was een koude winternacht en de sneeuw viel zachtjes uit de hemel. Het landschap was zo mooi en vredig dat ik het gevoel had dat ik er voor altijd kon blijven. Ik werd de volgende **ochtend** wakker met het beeld van Snowdonia in mijn geheugen gegrift. Ik wist dat ik het ooit zelf moest zien. Een paar jaar later maakte ik eindelijk de reis naar Snowdonia National Park in Wales. Zodra ik aankwam, begreep ik waarom mijn dromen zo gevuld waren met deze plek. Het was zoals nergens anders op aarde. De bergen doemden groot op, hun toppen bedekt met **sneeuw**, ook al was het zomer beneden in de vallei. Overal bloeiden wilde bloemen, en de lucht rook fris en schoon. Tijdens mijn bezoek beleefde ik elke dag nieuwe avonturen, **verkende ik** verschillende delen van Snowdonia. Op een dag wandelde ik naar de top van Mount Snowdon, de hoogste piek in Wales.

Een andere dag maakte ik een boottocht over Llyn Glaslyn, terwijl ik onderweg het prachtige landschap bewonderde. En op een gedenkwaardige avond zat ik buiten onder de **nachtelijke** hemel, kijkend naar vallende sterren die door de donkere afgrond boven mij schoten. Maar wat ik ook elke dag deed of hoe lang

Park, there was always one thing that drew me back to that first magical night long ago: standing among those towering **mountains** and looking out at the majestic view of valleys blanketed in snow. It was my last day in Snowdonia National Park, and I woke up early to make the most of it. I had already packed my bags and said goodbye to the friends I had made during my stay, so all that was left was to explore one last time. I decided to take a walk through the woods near my campsite. The sun was just starting to peek through the trees as I began walking, and the forest floor was covered in a **blanket** of mist. As I walked deeper into the woods, I started hearing strange noises. It sounded like someone was following me, but every time I turned around, there was no one there. Suddenly, I heard a loud crash behind me and I turned around to see a massive grizzly **bear** standing right in front of me! I was paralyzed with fear as I stared into the bear's eyes.

ik ook in Snowdonia National **Park** bleef, er was altijd één ding dat me terugbracht naar die eerste magische nacht lang geleden: tussen die torenhoge **bergen** staan en uitkijken over het majestueuze uitzicht op de met sneeuw bedekte valleien. Het was mijn laatste dag in Snowdonia National Park, en ik stond vroeg op om er het beste van te maken. Ik had mijn koffers al gepakt en afscheid genomen van de vrienden die ik tijdens mijn verblijf had gemaakt, dus ik hoefde alleen nog maar een laatste keer op verkenning. Ik besloot een wandeling te maken door het bos in de buurt van mijn camping. De zon begon net door de bomen te schijnen toen ik begon te lopen, en de bosgrond was bedekt met een **deken** van mist. Toen ik dieper het bos in liep, begon ik vreemde geluiden te horen. Het klonk alsof iemand me volgde, maar telkens als ik me omdraaide, was er niemand. Plotseling hoorde ik een harde klap achter me en ik draaide me om om een enorme **grizzlybeer** recht voor me te zien staan! Ik was verlamd van angst terwijl ik in de ogen van de beer staarde.

Comprehension Questions

1. What does the author dream about?

2. What does the author think about the dream?

3. What does the author do when they wake up?

4. What does the author think when they see Snowdonia National Park?

5. What does the author do each day during their visit?

6. What is the author's favorite part of Snowdonia National Park?

7. What does the author do on their last day in Snowdonia National Park?

8. What does the author hear while walking in the woods?

9. What does the author see when they turn around?

Begrip vragen

1. Waar droomt de auteur over?

2. Wat vindt de schrijver van de droom?

3. Wat doet de auteur als ze wakker worden?

4. Wat denkt de schrijver als hij Snowdonia National Park ziet?

5. Wat doet de schrijver elke dag tijdens zijn bezoek?

6. Wat is het favoriete deel van de auteur van Snowdonia National Park?

7. Wat doet de auteur op hun laatste dag in Snowdonia National Park?

8. Wat hoort de schrijver terwijl hij in het bos wandelt?

9. Wat ziet de schrijver als ze zich omdraaien?

Dartmoor

The moor was a dark and foreboding place. Even the animals seemed to sense the **danger** that lurked within their shadows. But there was one creature that was not afraid of the moor, or anything else for that matter. That creature was a **small**, black cat named Dartmoor. Dartmoor had been born on the moor and had never known any other life. He roamed freely, going where he pleased and doing as he liked. He knew every nook and cranny of the moor, and there wasn't a thing that could scare him. One night, as Dartmoor was prowling around his favorite part of the moor, he heard a strange **noise**. It sounded like someone was crying. He followed the sound until he came to a clearing where he saw a **woman** sitting on the ground with her head in her hands. She looked up when she heard him approach, and darting forward, she scooped him into her arms.

The woman was crying uncontrollably now, and Dartmoor could feel her **shaking**. He didn't know what to do, so he just sat there and let her cry. After a few minutes, she began to calm down, and she looked at him with gratitude. "Thank you for being here," she said. "My name is Sarah." Sarah told Dartmoor that she had been out hiking when she got lost. She had been walking for hours, trying to find her way back,

Dartmoor

De heide was een donkere en onheilspellende plaats. Zelfs de dieren leken het **gevaar aan** te voelen dat in hun schaduwen loerde. Maar er was één wezen dat niet bang was voor de heide, of wat dan ook. Dat schepsel was een **kleine**, zwarte kat genaamd Dartmoor. Dartmoor was geboren op de heide en had nooit een ander leven gekend. Hij zwierf vrij rond, ging waar hij wilde en deed wat hij wilde. Hij kende elk hoekje en gaatje van de hei, en er was niets dat hem bang kon maken. Op een nacht, terwijl Dartmoor rondsloop op zijn favoriete deel van de hei, hoorde hij een vreemd **geluid**. Het klonk alsof iemand huilde. Hij volgde het geluid tot hij bij een open plek kwam waar hij een **vrouw** op de grond zag zitten met haar hoofd in haar handen. Ze keek op toen ze hem hoorde naderen, en terwijl ze naar voren dook, nam ze hem in haar armen.

De vrouw huilde nu onbedaarlijk, en Dartmoor kon haar voelen **beven**. Hij wist niet wat hij moest doen, dus bleef hij maar zitten en liet haar huilen. Na een paar minuten begon ze te kalmeren, en ze keek hem dankbaar aan. "Dank u dat u hier bent," zei ze. "Mijn naam is Sarah." Sarah vertelde Dartmoor dat ze aan het wandelen was toen ze verdwaalde. Ze had uren gelopen en geprobeerd de weg terug te vinden, maar

but she couldn't seem to find the right path. She was **exhausted** and scared, and when she saw Dartmoor, she felt like he was a sign from God that everything would be alright. Dartmoor stayed with Sarah all night, keeping her warm and comforting her until morning came. When the **sun** rose over the moor, Sarah felt better. She was still tired but no longer scared.

Looking at Dartmoor sleeping peacefully next to her made her feel safe somehow. Slowly getting up, she dusted off her clothes before looking around. She saw the **path** then and realised where she had gone wrong last night. It all looked so different in the daylight. But one thing was for sure, she would never **forget** what this little cat had done for her & how he'd shown her that even in the darkest of places, there can be light. Sarah made her way back to the path and began the hike back to her car. She was **tired**, but she felt lighter, as if a weight had been lifted off of her shoulders. Every now and then she would look back, half expecting to see Dartmoor following her, but he was **nowhere** to be seen. She reached her car a few hours later and drove home, feeling grateful for the experience and for the little cat who had saved her.

ze kon het juiste pad niet vinden. Ze was **uitgeput** en bang, en toen ze Dartmoor zag, voelde ze zich alsof hij een teken van God was dat alles goed zou komen. Dartmoor bleef de hele nacht bij Sarah, hield haar warm en troostte haar tot de ochtend kwam. Toen de **zon** opkwam boven de heide, voelde Sarah zich beter. Ze was nog steeds moe, maar niet meer bang.

Toen ze Dartmoor zo vredig naast haar zag slapen, voelde ze zich op de een of andere manier veilig. Langzaam stond ze op, stofte haar kleren af en keek om zich heen. Ze zag het **pad** en besefte waar ze gisteravond de fout in was gegaan. Het zag er allemaal zo anders uit in het daglicht. Maar één ding was zeker, ze zou nooit **vergeten** wat die kleine kat voor haar had gedaan en hoe hij haar had laten zien dat er zelfs op de donkerste plekken licht kan zijn. Sarah liep terug naar het pad en begon aan de wandeling terug naar haar auto. Ze was **moe**, maar ze voelde zich lichter, alsof er een last van haar schouders was gevallen. Af en toe keek ze achterom, half in de verwachting dat ze Dartmoor zou zien, maar hij was **nergens te bekennen**. Een paar uur later bereikte ze haar auto en reed naar huis, zich dankbaar voelend voor de ervaring en voor de kleine kat die haar had gered.

Comprehension Questions

1. What was the name of the cat?

2. Where was the cat born?

3. What noise did the cat hear?

4. Who was the woman?

5. Why was the woman crying?

6. What did Sarah say to the cat?

7. How did Sarah feel when she woke up?

8. Where was Sarah going?

9. What did Sarah think of Dartmoor?

10. What do you think happened to Dartmoor after Sarah left?

Begrip vragen

1. Wat was de naam van de kat?

2. Waar is de kat geboren?

3. Welk geluid heeft de kat gehoord?

4. Wie was de vrouw?

5. Waarom huilde de vrouw?

6. Wat zei Sarah tegen de kat?

7. Hoe voelde Sarah zich toen ze wakker werd?

8. Waar ging Sarah heen?

9. Wat vond Sarah van Dartmoor?

10. Wat denk je dat er met Dartmoor gebeurd is nadat Sarah wegging?

Norfolk Broads

The Norfolk Broads are a **beautiful** place. They are full of life and color. The **sky** is so blue and the water is so clear. It's like a piece of heaven on earth. I remember the first time I went there. I was just a young girl, but I fell in love with it **instantly**. There's something about the **peace** and tranquility of the place that just makes you feel at ease. It's like nothing else matters when you're there. Since then, I've been back many times, and each time it feels like coming home. Even though I live far away from the Broads now, they will always have a special place in my heart. " I was heading to the Broads for my annual visit. I always go at the same time each **year**, and it's like a little piece of heaven on earth.

The journey there is always so peaceful and calming, and I can't help but feel happy as I approach my destination. As soon as I arrive, I head straight to the **water**. There's something about being on the boat that makes me feel so free and alive. It's like all my worries just disappeared into thin air. I spend every day exploring different parts of the Broads, and each time it feels like a new **adventure**. Even though it's been years since my first visit, the place still feels just as **magical** to me. " It's been a tough year, and I really needed to get away from it all. So, I decided to head to the Broads

Norfolk Broads

De Norfolk Broads zijn een **prachtige** plek. Ze zijn vol leven en kleur. De **lucht** is zo blauw en het water is zo helder. Het is als een stukje hemel op aarde. Ik herinner me de eerste keer dat ik er heen ging. Ik was nog maar een jong meisje, maar ik was er op **slag** verliefd op. Er is iets met de **vrede** en rust van de plek waardoor je je gewoon op je gemak voelt. Het is alsof niets anders er toe doet als je daar bent. Sindsdien ben ik vaak terug geweest, en elke keer voelt het als thuiskomen. Ook al woon ik nu ver weg van de Broads, ze zullen altijd een speciaal plekje in mijn hart hebben. "Ik was op weg naar de Broads voor mijn jaarlijkse bezoek. Ik ga elk **jaar** rond dezelfde tijd, en het is als een stukje hemel op aarde.

De reis erheen is altijd zo vredig en rustgevend, en ik kan niet anders dan me gelukkig voelen als ik mijn bestemming nader. Zodra ik aankom, ga ik meteen naar **het water**. Er is iets met een boot waardoor ik me zo vrij en levendig voel. Het is alsof al mijn zorgen gewoon in het niets verdwijnen. Ik verken elke dag verschillende delen van de Broads, en elke keer voelt het als een nieuw **avontuur**. Ook al is het jaren geleden sinds mijn eerste bezoek, de plek voelt nog steeds even **magisch** voor me. "Het is een zwaar jaar geweest, en ik moest

for some much-needed rest and relaxation. As soon as I arrived, I could feel my stress melting away. The peace and tranquility of the place is like nothing else. I spent my days exploring different parts of the Broads, and each day was more **relaxing** than the last.

I even got to go on a few boat rides, which were absolutely amazing. There's something about being out on the water that just makes you feel so alive. " I'm so grateful to have found the Broads. It's like a little piece of **heaven** on earth that I can always escape to when life gets too tough. Whenever I'm there, I feel like all my worries just disappear and I can just relax and **enjoy** myself. It's become my happy place, and I look forward to my annual visits more than anything else. Each time I go, it feels like coming home. " The Broads will always have a **special** place in my heart. It's a place where I can go to escape the hustle and bustle of everyday life and just relax and enjoy myself. It's like a little piece of heaven on earth that I can always come back to. "

er echt even tussenuit. Dus besloot ik naar de Broads te gaan voor wat broodnodige rust en ontspanning. Zodra ik aankwam, voelde ik mijn stress wegsmelten. De vrede en rust van de plek is als niets anders. Ik bracht mijn dagen door met het verkennen van verschillende delen van de Broads, en elke dag was meer **ontspannend** dan de vorige.

Ik heb zelfs een paar boottochtjes gemaakt, die absoluut geweldig waren. Er is iets met op het water zijn waardoor je je zo levendig voelt. "Ik ben zo dankbaar dat ik de Broads gevonden heb. Het is als een klein stukje **hemel** op aarde waar ik altijd naar toe kan vluchten als het leven te zwaar wordt. Altijd als ik daar ben, heb ik het gevoel dat al mijn zorgen gewoon verdwijnen en kan ik gewoon ontspannen en **genieten**. Het is mijn happy place geworden en ik kijk meer dan wat ook uit naar mijn jaarlijkse bezoekjes. Elke keer als ik ga, voelt het als thuiskomen. "De Broads zullen altijd een **speciale** plaats in mijn hart hebben. Het is een plek waar ik kan ontsnappen aan de drukte van alledag en gewoon kan ontspannen en genieten. Het is als een klein stukje hemel op aarde waar ik altijd naar terug kan komen. "

Comprehension Questions

1. What is the author's opinion of the Norfolk Broads?

2. What does the author remember about her first visit to the Norfolk Broads?

3. How does the author feel when she is on a boat in the Broads?

4. Why does the author keep going back to the Broads?

5. What does the author think of the Broads compared to other places?

6. What is the author's favorite thing to do in the Broads?

7. What does the author think of the journey to the Broads?

8. How does the author feel when she arrives in the Broads?

Begrip vragen

1. Wat is de mening van de auteur over de Norfolk Broads?

2. Wat herinnert de auteur zich van haar eerste bezoek aan de Norfolk Broads?

3. Hoe voelt de auteur zich als ze op een boot in de Broads is?

4. Waarom gaat de auteur steeds terug naar de Broads?

5. Wat vindt de auteur van de Broads in vergelijking met andere plaatsen?

6. Wat is het favoriete ding van de auteur om te doen in de Broads?

7. Wat vindt de auteur van de reis naar de Broads?

8. Hoe voelt de auteur zich als ze in de Broads aankomt?

The New Forest

The New Forest is a **beautiful** place. It's full of trees and wildlife, and it's a great place to relax and enjoy nature. However, there is something else that makes the New Forest special. There are rumours that the **forest** is home to a creature known as the Beast of Brayton. The Beast is said to be a large, ferocious animal that roams the forest at night, preying on anything that crosses its path. Some say it's a **bear**, others say it's a wolf or even a dragon. No one knows for sure what the Beast looks like because no one has ever seen it and lived to tell the tale. One summer evening, two young boys were playing in the forest when they heard something **moving** in the bushes nearby. They froze in fear as whatever was making the noise began to approach them. The boys were petrified as the creature stepped out from the **shadows**. It was a massive, furry beast with glowing red eyes.

The Beast let out a loud roar that echoed through the forest. The boys ran for their lives, but the Beast was faster and soon caught up to them. One of the boys tripped and fell to the ground. The Beast pounced on him and began to devour him alive. The other boy

Het New Forest

Het New Forest is een **prachtige** plek. Het zit vol bomen en wilde dieren, en het is een geweldige plek om te ontspannen en van de natuur te genieten. Er is echter nog iets dat het New Forest speciaal maakt. Er gaan geruchten dat het **bos** het thuis is van een wezen dat bekend staat als het Beest van Brayton. Het Beest zou een groot, woest dier zijn dat 's nachts door het bos zwerft en jaagt op alles wat zijn pad kruist. Sommigen zeggen dat het een **beer is**, anderen zeggen dat het een wolf of zelfs een draak is. Niemand weet zeker hoe het Beest eruit ziet, omdat niemand het ooit heeft gezien en het heeft kunnen navertellen. Op een zomeravond waren twee jonge jongens in het bos aan het spelen toen ze iets hoorden **bewegen** in de struiken vlakbij. Ze verstijfden van angst toen datgene wat het geluid maakte, op hen af kwam. De jongens waren versteend toen het wezen uit de **schaduw tevoorschijn kwam**. Het was een massief, harig beest met gloeiende rode ogen.

Het Beest liet een luide brul horen die door het bos galmde. De jongens renden voor hun leven, maar het Beest was sneller en haalde hen snel in. Een van

managed to escape and ran all the way home, where he told his **parents** what had happened. They went back to look for his friend, but there was no trace of him or the Beast. It's been several years since that fateful night in the New Forest, but people still talk about what happened. Some say they've seen the Beast roaming around at night, while others claim it doesn't exist at all. Regardless of what people believe, one thing is certain: if you go into the New Forest after dark, be prepared for anything. The boy who survived the **attack** has grown up now and rarely goes into the forest anymore. He still has nightmares about that night, and he can't shake the feeling that the Beast is still out there, waiting to prey on unsuspecting victims.

de jongens struikelde en viel op de grond. Het Beest sprong op hem en begon hem levend te verslinden. De andere jongen wist te ontsnappen en rende de hele weg naar huis, waar hij zijn **ouders** vertelde wat er was gebeurd. Ze gingen terug om zijn vriend te zoeken, maar er was geen spoor van hem of het Beest. Het is al enkele jaren geleden sinds die noodlottige nacht in het New Forest, maar de mensen praten nog steeds over wat er gebeurd is. Sommigen zeggen dat ze het Beest 's nachts hebben zien rondzwerven, terwijl anderen beweren dat het helemaal niet bestaat. Wat de mensen ook geloven, één ding is zeker: als je in het donker naar het New Forest gaat, wees dan op alles voorbereid. De jongen die de **aanval** overleefde is nu volwassen en gaat zelden meer het bos in. Hij heeft nog steeds nachtmerries over die nacht, en hij kan het gevoel niet van zich afschudden dat het Beest er nog steeds rondloopt, wachtend om te azen op nietsvermoedende slachtoffers.

Comprehension Questions

1. What is the New Forest?

2. What makes the New Forest special?

3. What are the rumours about the Beast of Brayton?

4. What did the boys see when they were playing in the forest?

5. What happened to one of the boys?

6. What did the other boy do?

7. What have people been saying about the Beast since the attack?

8. What does the boy who survived the attack think about the Beast?

9. What happens when the boy who survived the attack goes back into the forest?

10. Why does the Beast spare the boy?

Begrip vragen

1. Wat is het New Forest?

2. Wat maakt het New Forest speciaal?

3. Wat zijn de geruchten over het Beest van Brayton?

4. Wat hebben de jongens gezien toen ze in het bos speelden?

5. Wat is er met een van de jongens gebeurd?

6. Wat heeft die andere jongen gedaan?

7. Wat zeggen de mensen over het Beest sinds de aanval?

8. Wat denkt de jongen die de aanval overleefde over het Beest?

9. Wat gebeurt er als de jongen die de aanval overleefde terug het bos in gaat?

10. Waarom spaart het Beest de jongen?

Stone henge

The sun was setting on a cool **autumn** evening, and the last light of day shone upon the ancient stones of Stonehenge. For centuries, people have gazed upon this **mysterious** structure, wondering about its purpose and how it came to be. Some say that it is a temple built by Druids; others believe that it is a burial ground for fallen warriors. No one knows for sure. But on this night, as the shadows **lengthened** and the stars began to appear in the sky, something strange happened at Stonehenge. A soft glow appeared around the base of one of the largest stones, and then spread outward until the entire structure was illuminated with a gentle light. A sound like music began to fill the air, although there were no **instruments** to be seen anywhere near Stonehenge. The music seemed to come from within the stone itself, as if it were somehow alive. As those **gathered** around watched in wonderment, they saw figures emerging from within some of the stones—men and women dressed in long robes with hoods pulled up over their heads so that their faces could not be seen clearly.

Slowly, they made their way towards an altarstone, in front of which stood a man wearing a crown adorned with symbols that glittered in the moonlight. He raised

Stenen wig

De zon ging onder op een koele herfstavond, en het laatste licht van de dag scheen op de oude stenen van Stonehenge. Eeuwenlang hebben mensen naar dit **mysterieuze** bouwwerk gestaard en zich afgevraagd waar het voor diende en hoe het ontstaan is. Sommigen zeggen dat het een tempel is, gebouwd door Druïden; anderen geloven dat het een begraafplaats is voor gesneuvelde krijgers. Niemand weet het zeker. Maar op deze nacht, toen de schaduwen **langer werden** en de sterren aan de hemel begonnen te verschijnen, gebeurde er iets vreemds bij Stonehenge. Een zachte gloed verscheen rond de basis van een van de grootste stenen, en verspreidde zich toen naar buiten totdat het hele bouwwerk verlicht was met een zacht licht. Een geluid als van muziek begon de lucht te vullen, hoewel er geen **instrumenten** in de buurt van Stonehenge te zien waren. De muziek leek uit de steen zelf te komen, alsof die op de een of andere manier leefde. Terwijl de **verzamelden** in verwondering toekeken, zagen zij figuren uit sommige stenen tevoorschijn komen - mannen en vrouwen gekleed in lange gewaden met capuchons over hun hoofd getrokken, zodat hun gezichten niet duidelijk te zien waren.

Langzaam gingen zij op weg naar een altaarsteen,

his arms towards heaven and spoke words that no one could understand. Then he knelt down before the altarstone and bowed his head. More figures emerged from other stones as he did so, including deer, badgers, foxes, hares, and other creatures **large** and small. They too went to kneel before the altar stone. For several minutes, nothing happened. Then suddenly, flames appeared atop the **stone**, leaping into the air and casting an eerie light over everything. In front of these flickering flames stood a woman clad in white robes trimmed with gold. She held a lantern in her hand from which poured forth a golden light that filled all of Stronghenge with **warmth** and radiance. After awhile, she's polite: "Welcome my children, both human and animal alike."

This sacred place has been chosen as our meeting point because it stands at the midpoint between **earth** and sky. It is here that we can commune with each other regardless of distance or time. As the woman spoke, those gathered around her began to feel a sense of peace and calm settle over them. It was as if they were being enveloped in a warm **embrace**. The animals seemed to understand her words as well, and they all sat down quietly, listening intently.

waarvóór een man stond met een kroon versierd met symbolen die schitterden in het maanlicht. Hij hief zijn armen naar de hemel en sprak woorden die niemand kon verstaan. Toen knielde hij neer voor de altaarsteen en boog zijn hoofd. Terwijl hij dat deed, kwamen er meer figuren uit andere stenen tevoorschijn, waaronder herten, dassen, vossen, hazen en andere **grote** en kleine wezens. Ook zij knielden voor de altaarsteen. Gedurende enkele minuten gebeurde er niets. Toen verschenen er plotseling vlammen boven op de **steen**, die de lucht in sprongen en een griezelig licht over alles wierpen. Voor deze flikkerende vlammen stond een vrouw, gekleed in witte gewaden afgezet met goud. Zij hield een lantaarn in haar hand waaruit een gouden licht straalde dat heel Stronghenge vulde met **warmte** en uitstraling. Na een poosje zei ze beleefd: "Welkom, mijn kinderen, zowel mensen als dieren."

Deze heilige plaats is gekozen als onze ontmoetingsplaats, omdat zij zich in het midden bevindt tussen **aarde** en hemel. Het is hier dat we met elkaar kunnen communiceren ongeacht afstand of tijd. Terwijl de vrouw sprak, voelden degenen die om haar heen waren een gevoel van vrede en rust over zich komen. Het was alsof ze omhuld werden door een warme **omhelzing**. De dieren leken haar woorden ook te begrijpen, en ze gingen allemaal rustig zitten, aandachtig luisterend.

Comprehension Questions

1. What is the purpose of Stonehenge?

2. Who built Stonehenge?

3. What do people believe Stonehenge is?

4. What happened at Stonehenge on the night described in the text?

5. What did the figures that emerged from the stones do?

6. Who was the woman in white robes?

7. What did the woman in white robes say?

8. How did the people present feel after the woman spoke?

9. What did the animals do during the woman's speech?

10. Why was Stonehenge chosen as the meeting point?

Begrip vragen

1. Wat is het doel van Stonehenge?

2. Wie heeft Stonehenge gebouwd?

3. Wat denkt men dat Stonehenge is?

4. Wat gebeurde er bij Stonehenge in de nacht die in de tekst beschreven wordt?

5. Wat deden de figuren die uit de stenen tevoorschijn kwamen?

6. Wie was de vrouw in de witte gewaden?

7. Wat zei de vrouw in witte gewaden?

8. Hoe voelden de aanwezigen zich nadat de vrouw gesproken had?

9. Wat deden de dieren tijdens de toespraak van de vrouw?

10. Waarom werd Stonehenge gekozen als ontmoetingsplaats?

The Old Inn

The old inn was a popular stop for **weary** travelers. It was said that the food was delicious and the beds were comfortable. The innkeeper, Mrs. Saunders, was a kind woman who always had a smile for her guests. One cold winter night, a group of travelers arrived at the old inn seeking shelter from the **storm**. They were welcomed by Mrs. Saunders and given warm blankets and hot soup to chase away the chill. As they sat around the **fire**, sharing stories and laughter, they felt right at home. It wasn't long before they all retired to their rooms for the night. But as one traveler tried to open his door, he found it wouldn't budge. He called out to Mrs. Saunders, but there was no answer; she must have already gone to bed herself. He shook the door **handle** again, but still it wouldn't move.

Just then, he heard footsteps in the hallway and someone fumbling with **keys**. Mrs. Saunders came hurrying over, apologizing profusely. She explained that she had accidentally locked him in! After assuring him that it happened more often than she cared to admit, she finally got the door open. The traveler went into his room with a feeling of relief; he would definitely be getting a good night's **sleep** tonight! The next morning, the travelers woke to the smell of breakfast cooking.

De Oude Herberg

De oude herberg was een populaire halte voor **vermoeide** reizigers. Men zei dat het eten heerlijk was en de bedden comfortabel. De herbergierster, mevrouw Saunders, was een vriendelijke vrouw die altijd een glimlach had voor haar gasten. Op een koude winternacht arriveerde een groep reizigers in de oude herberg op zoek naar beschutting tegen de **storm**. Ze werden verwelkomd door mevrouw Saunders en kregen warme dekens en hete soep om de kou te verdrijven. Terwijl ze rond het **vuur zaten**, verhalen deelden en lachten, voelden ze zich meteen thuis. Het duurde niet lang voor ze allemaal naar hun kamers gingen voor de nacht. Maar toen een reiziger probeerde zijn deur te openen, merkte hij dat die niet bewoog. Hij riep naar mevrouw Saunders, maar er kwam geen antwoord; ze moest zelf al naar bed zijn gegaan. Hij schudde nogmaals aan de **deurklink**, maar nog steeds ging hij niet open.

Op dat moment hoorde hij voetstappen in de gang en iemand rommelen met **sleutels**. Mevrouw Saunders kwam aangesneld en verontschuldigde zich overvloedig. Ze legde uit dat ze hem per ongeluk had ingesloten! Nadat ze hem verzekerd had dat dit vaker gebeurde dan ze wilde toegeven, kreeg ze eindelijk de

They went downstairs to find Mrs. Saunders busy in the kitchen. She apologized for not being able to join them for breakfast but said she would be **happy** to serve them. The table was piled high with pancakes, bacon, eggs, and toast. Everyone dug in with gusto, enjoying the delicious food. As they were finishing up their meal, there was a knock at the door. Mrs. Saunders went to **answer** it and came back into the dining room, followed by a handsome young man. She introduced him as her son, Luke. He had come to help her with some chores around the inn. After Luke had gone out back to start **chopping** wood, Mrs. Saunders confided in her guests that she was getting too old to run the inn by herself and was glad her son had agreed to help her out.

Later that day, as they were preparing to leave, the travelers thanked Mrs. Saunders for her **hospitality**. They promised to spread word of the old inn far and wide so that others could enjoy its comfort and warmth. As the years went by, Mrs. Saunders continued to run the old inn with the help of her son, Luke. It remained a popular stop for **travelers** from all over.

deur open. De reiziger ging opgelucht naar zijn kamer; hij zou vannacht zeker een goede **nachtrust** krijgen! De volgende ochtend werden de reizigers wakker met de geur van een ontbijt dat gekookt werd. Ze gingen naar beneden en vonden mevrouw Saunders bezig in de keuken. Ze verontschuldigde zich dat ze niet met hen kon ontbijten, maar zei dat ze hen **met plezier zou** bedienen. De tafel was volgestapeld met pannenkoeken, spek, eieren en toast. Iedereen at met smaak en genoot van het heerlijke eten. Terwijl ze hun maaltijd aan het afronden waren, werd er op de deur geklopt. Mevrouw Saunders ging de deur **open doen** en kwam terug in de eetkamer, gevolgd door een knappe jongeman. Ze stelde hem voor als haar zoon, Luke. Hij was gekomen om haar te helpen met wat klusjes in de herberg. Nadat Luke naar buiten was gegaan om hout te **hakken**, vertrouwde mevrouw Saunders haar gasten toe dat ze te oud werd om de herberg alleen te runnen en dat ze blij was dat haar zoon haar had willen helpen.

Later die dag, toen ze zich opmaakten om te vertrekken, bedankten de reizigers mevrouw Saunders voor haar **gastvrijheid**. Ze beloofden de oude herberg wijd en zijd bekend te maken, zodat ook anderen van haar comfort en warmte konden genieten. In de loop der jaren bleef mevrouw Saunders de oude herberg runnen met de hulp van haar zoon Luke. Het bleef een populaire halte voor **reizigers** uit alle windstreken.

Comprehension Questions

1. What did the old inn provide for weary travelers?

2. Who was the innkeeper of the old inn?

3. What did the group of travelers do when they arrived at the old inn on the cold winter night?

4. What did the traveler find when he tried to open his door to go to bed?

5. Who came to the old inn the next morning?

6. What did Mrs. Saunders confide in her guests?

7. What did the group of travelers do before they left the old inn?

8. How did Mrs. Saunders feel when she found the old key hidden under the mattress in the room?

9. What did Luke tell Mrs. Saunders the key was for?

10. Why was Mrs. Saunders content at the end of the story?

Begrip vragen

1. Wat bood de oude herberg aan vermoeide reizigers?

2. Wie was de herbergier van de oude herberg?

3. Wat deed de groep reizigers toen zij op de koude winternacht in de oude herberg aankwamen?

4. Wat vond de reiziger toen hij probeerde zijn deur te openen om naar bed te gaan?

5. Wie kwam er de volgende ochtend naar de oude herberg?

6. Wat vertrouwde Mrs Saunders haar gasten toe?

7. Wat deed de groep reizigers voordat ze de oude herberg verlieten?

8. Hoe voelde mevrouw Saunders zich toen ze de oude sleutel vond, verstopt onder de matras in de kamer?

9. Wat zei Luke tegen Mrs Saunders waar de sleutel voor was?

10. Waarom was Mrs Saunders tevreden aan het eind van het verhaal?

The Witch's Cottage

The cottage was small and unassuming, tucked away in the woods at the edge of town. It was said that a witch lived there, and children were warned to stay away. But one day, a curious little girl named Sarah decided to **venture** into the woods to see the witch's cottage for herself. Sarah knocked on the door, and an old woman answered. She had a kind face, but her eyes were piercing. "Can I help you?" she asked Sarah. "I just wanted to see your **cottage**," replied Sarah shyly. "They say you're a witch." The woman chuckled softly. "That's what they say about me, yes." She stepped aside and gestured for Sarah to come inside. The cottage was dark and musty, but not at all what Sarah had expected. There were no bubbling cauldrons or magical creatures lurking in the **shadows**. Instead, it just looked like a **normal** house. The witch offered Sarah a seat by the fire and began to tell her stories of her life. She told of growing up in the woods, learning **magic** from her mother, and eventually becoming a witch herself. Sarah listened eagerly to the witch's stories, entranced by her words.

She didn't want to leave when it started to get late, but she knew she had to go home before her parents started worrying about her. "Thank you for letting me

The Witch's Cottage

Het huisje was klein en onopvallend, verscholen in het bos aan de rand van de stad. Er werd gezegd dat er een heks woonde, en kinderen werden gewaarschuwd er weg te blijven. Maar op een dag besloot een nieuwsgierig meisje, Sarah genaamd, het bos in **te gaan** om het huisje van de heks met eigen ogen te zien. Sarah klopte op de deur, en een oude vrouw deed open. Ze had een vriendelijk gezicht, maar haar ogen waren doordringend. "Kan ik u helpen?" vroeg ze Sarah. "Ik wilde alleen uw **huisje** zien," antwoordde Sarah verlegen. "Ze zeggen dat u een heks bent." De vrouw grinnikte zachtjes. "Dat is wat ze over mij zeggen, ja." Ze deed een stap opzij en gebaarde Sarah naar binnen te gaan. Het huisje was donker en muf, maar helemaal niet wat Sarah had verwacht. Er waren geen pruttelende ketels of magische wezens die in de **schaduwen loerden**. In plaats daarvan zag het eruit als een **gewoon** huis. De heks bood Sarah een zitplaats aan bij het vuur en begon haar verhalen over haar leven te vertellen. Ze vertelde dat ze in het bos was opgegroeid, **magie** van haar moeder had geleerd en uiteindelijk zelf een heks was geworden. Sarah luisterde gretig naar de verhalen van de heks, betoverd door haar woorden.

visit your cottage," she said as she stood up to leave."It was very kind of you." As Sarah walked back through the woods towards **town**, she couldn't help but feel excited about what she had just experienced. She knew that she would never forget the time spent with the kindly old witch in her cottage **deep** in the woods. Sarah continued to visit the witch regularly, and she soon became like a grandmother to her. She would sit by the fire and listen to stories of magic and adventure, feeling happy and safe in the warmth of the cottage. As Sarah grew older, she started to help the witch with her work. She would gather **herbs** from the woods and help brew potions. It was always fun for her, even though she knew it wasn't really "real" magic. One day, when Sarah was helping the witch prepare for a **festival** in town, she asked if she could go along.

Ze wilde niet weggaan toen het al laat begon te worden, maar ze wist dat ze naar huis moest voordat haar ouders zich zorgen over haar zouden gaan maken. "Dank je dat ik je huisje mocht bezoeken," zei ze toen ze opstond om te vertrekken. "Het was erg aardig van je." Terwijl Sarah door het bos terugliep naar **de stad**, kon ze niet anders dan opgewonden zijn over wat ze zojuist had meegemaakt. Ze wist dat ze de tijd die ze had doorgebracht met de vriendelijke oude heks in haar huisje **diep** in het bos nooit zou vergeten. Sarah bleef de heks regelmatig bezoeken, en al gauw werd ze als een grootmoeder voor haar. Ze zat bij het vuur en luisterde naar verhalen over magie en avontuur, en voelde zich gelukkig en veilig in de warmte van het huisje. Toen Sarah ouder werd, begon ze de heks te helpen met haar werk. Ze verzamelde **kruiden** uit het bos en hielp met het brouwen van toverdrankjes. Het was altijd leuk voor haar, ook al wist ze dat het niet echt "echte" magie was. Op een dag, toen Sarah de heks hielp met de voorbereidingen voor een **festival** in de stad, vroeg ze of ze mee mocht gaan.

Comprehension Questions

1. What does Sarah do when she first hears about the witch?

2. What does the witch's cottage look like on the inside?

3. What does Sarah do as she gets older?

4. What happens at the festival?

5. Who is the man in the black cloak?

6. What does the witch say about him?

7. Where does Sarah live?

8. How does Sarah feel about the witch?

9. How does the witch feel about Sarah?

10. What does Sarah do when she first hears about the witch?

Begrip vragen

1. Wat doet Sarah als ze voor het eerst over de heks hoort?

2. Hoe ziet het huisje van de heks er van binnen uit?

3. Wat doet Sarah als ze ouder wordt?

4. Wat gebeurt er op het festival?

5. Wie is de man in de zwarte mantel?

6. Wat zegt de heks over hem?

7. Waar woont Sarah?

8. Wat vindt Sarah van de heks?

9. Wat vindt de heks van Sarah?

10. Wat doet Sarah als ze voor het eerst van de heks hoort?

The hidden village

The hidden **village** was a secret place, known only to a few. It was a place of magic and mystery, where the impossible seemed possible. No one knew how the **village** had come to be, but it was said that it had been created by a powerful wizard. The wizard had used his magic to create an invisible barrier around the village, making it impossible for anyone to find them unless they were invited. The villagers were a **friendly** bunch, always willing to help those in need. They were also very protective of their home and would do anything to keep outsiders from discovering their **secret**. One day, a young woman named Sarah stumbled upon the hidden village by accident. She had been out for a walk in the woods when she suddenly found herself in front of an invisible barrier.

She was about to turn back when she heard someone calling her name. It was a voice she recognized instantly as belonging to her childhood friend, John. He had disappeared years ago and was presumed dead. But there he was, alive and well and living in the hidden village! Sarah quickly learned that the villagers were very welcoming and soon made many friends among them. She also discovered that they **possessed** magical powers, which they used to help those in

Het verborgen dorp

Het verborgen **dorp** was een geheime plaats, slechts bij weinigen bekend. Het was een plaats van magie en mysterie, waar het onmogelijke mogelijk leek. Niemand wist hoe het **dorp** was ontstaan, maar er werd gezegd dat het was gemaakt door een machtige tovenaar. De tovenaar had zijn magie gebruikt om een onzichtbare barrière rond het dorp te creëren, waardoor het voor niemand mogelijk was hen te vinden, tenzij ze werden uitgenodigd. De dorpelingen waren **vriendelijk** en altijd bereid om mensen in nood te helpen. Ze waren ook erg beschermend over hun huis en zouden alles doen om te voorkomen dat buitenstaanders hun **geheim** zouden ontdekken. Op een dag stuitte een jonge vrouw, Sarah, bij toeval op het verborgen dorp. Ze was in het bos aan het wandelen toen ze plotseling voor een onzichtbare barrière stond.

Ze wilde zich net omdraaien toen ze iemand haar naam hoorde roepen. Het was een stem die ze onmiddellijk herkende als die van haar jeugdvriend, John. Hij was jaren geleden verdwenen en werd verondersteld dood te zijn. Maar daar was hij, levend en wel en wonend in het verborgen dorp! Sarah leerde al snel dat de dorpelingen zeer gastvrij waren en maakte al snel veel vrienden onder hen. Ze ontdekte ook dat

need. The more time she spent in the village, the more convinced she became that this was where she belonged. And so, with John's help, Sarah decided to stay permanently in the **hidden** village and become one of its protectors. As the years passed, Sarah became a powerful witch herself. She used her magic to help the villagers and keep outsiders from discovering their secret. She also took John on as her apprentice, teaching him everything she knew about magic.

Together, they kept the hidden village safe and **protected** from harm. And they lived happily ever after! One day, Sarah was out walking in the woods near the hidden village when she heard a strange noise. It sounded like someone was crying. She followed the sound until she came to a clearing and saw a young girl sitting on the ground, sobbing her heart out. Sarah approached her cautiously and asked what was wrong. The girl, who introduced herself as Lily, explained that she had been playing with her friends in the forest when they suddenly **disappeared**. She didn't know how to find them and was scared that something bad had happened to them. Sarah assured Lily that she would help her find her friends. Together, they walked back to the hidden village, where Sarah used her magic to locate Lily's friends.

ze magische krachten **bezaten**, die ze gebruikten om mensen in nood te helpen. Hoe meer tijd ze in het dorp doorbracht, hoe meer ze ervan overtuigd raakte dat ze hier thuishoorde. En zo besloot Sarah, met de hulp van John, om permanent in het **verborgen** dorp te blijven en een van zijn beschermers te worden. In de loop der jaren werd Sarah zelf een krachtige heks. Ze gebruikte haar magie om de dorpelingen te helpen en te voorkomen dat buitenstaanders hun geheim ontdekten. Ze nam ook John aan als haar leerling en leerde hem alles wat ze wist over magie.

Samen hielden ze het verborgen dorp veilig en **beschermd** tegen kwaad. En ze leefden nog lang en gelukkig! Op een dag was Sarah aan het wandelen in het bos bij het verborgen dorp toen ze een vreemd geluid hoorde. Het klonk alsof iemand huilde. Ze volgde het geluid tot ze bij een open plek kwam en zag daar een jong meisje op de grond zitten, snikkend van verdriet. Sarah stapte voorzichtig op haar af en vroeg wat er aan de hand was. Het meisje, dat zich voorstelde als Lily, legde uit dat ze met haar vrienden in het bos had gespeeld toen ze plotseling **verdwenen waren**. Ze wist niet hoe ze hen kon vinden en was bang dat hen iets ergs was overkomen. Sarah verzekerde Lily dat ze haar zou helpen haar vrienden terug te vinden. Samen liepen ze terug naar het verborgen dorp, waar Sarah haar magie gebruikte om Lily's vrienden te vinden.

Comprehension Questions

1. What was the hidden village?

2. How did Sarah find the hidden village?

3. What did Sarah do when she found Lily in the woods?

4. What was the problem Lily was having?

5. How did Sarah help Lily?

6. What did Sarah do after she helped Lily?

7. What was the village said to be created by?

8. How did the wizard make the village hidden?

9. What did Sarah become to the village?

10. Who did Sarah teach magic to?

Begrip vragen

1. Wat was het verborgen dorp?

2. Hoe heeft Sarah het verborgen dorp gevonden?

3. Wat deed Sarah toen ze Lily in het bos vond?

4. Wat was het probleem dat Lily had?

5. Hoe heeft Sarah Lily geholpen?

6. Wat heeft Sarah gedaan nadat ze Lily had geholpen?

7. Waardoor zou het dorp ontstaan zijn?

8. Hoe heeft de tovenaar het dorp verborgen?

9. Wat is er van Sarah geworden in het dorp?

10. Aan wie heeft Sarah magie geleerd?

The lonely lighthouse

The lonely lighthouse stood on the edge of the **cliff**, overlooking the sea. It had been there for many years, and it was said that it was haunted by the ghost of a sailor who had died in a shipwreck. Some people said that they had seen his ghost walking around inside the lighthouse, and others said that they had heard strange noises coming from inside it. But no one knew for sure if there really was a **ghost** or not. One night, a storm blew up and waves crashed against the rocks below the lighthouse. The wind howled through its **windows** and doors, and everyone who lived nearby thought that surely this would be the night when the old lighthouse would finally collapse into pieces and be swept away by the sea. But somehow, miraculously, the lighthouse survived intact. And when **morning** came, those who looked out to see it standing tall and proud as ever could have sworn that they saw a figure in nautical clothing waving to them from one of its windows.

The lonely lighthouse had been standing on the edge of the cliff for many years, and it was said to be haunted by the ghost of a sailor who had died in a shipwreck. Some people claimed to have seen his ghost walking

De eenzame vuurtoren

De eenzame vuurtoren stond op de rand van de **klif**, uitkijkend over de zee. Hij stond er al vele jaren, en men zei dat de geest van een zeeman die bij een schipbreuk om het leven was gekomen, er rondspookte. Sommige mensen zeiden dat ze zijn geest hadden zien rondlopen in de vuurtoren, en anderen zeiden dat ze vreemde geluiden hadden gehoord die uit de vuurtoren kwamen. Maar niemand wist zeker of er echt een **geest was** of niet. Op een nacht stak er een storm op en de golven sloegen tegen de rotsen onder de vuurtoren. De wind gierde door de **ramen** en deuren, en iedereen die in de buurt woonde dacht dat dit de nacht zou zijn waarin de oude vuurtoren eindelijk in stukken zou storten en door de zee zou worden weggevaagd. Maar op de een of andere manier, wonderbaarlijk genoeg, overleefde de vuurtoren intact. En toen **de ochtend** aanbrak, konden degenen die naar buiten keken en de vuurtoren zagen staan als altijd, zweren dat ze een figuur in nautische kleding uit een van de ramen naar hen zagen zwaaien.

De eenzame vuurtoren stond al vele jaren op de rand van de klif en er zou een zeeman rondspoken die bij een schipbreuk om het leven was gekomen. Sommige

around inside the lighthouse, while others said they had heard strange noises coming from within its walls. But no one knew for sure if there really was a ghost or not. One night, during a **fierce** storm, waves crashed against the rocks below the lighthouse, and **wind** howled through its windows and doors. Everyone who lived nearby thought that surely this would be the night when the old lighthouse would finally collapse into pieces and be swept away by the sea. But miraculously, the lighthouse survived intact. And when morning came, those who looked out to see it standing tall and proud as ever could have sworn they saw a figure in nautical **clothing** waving to them from one window. The lonely lighthouse had been standing on the edge of the cliff for many years, and it was said to be haunted by the ghost of a sailor who had died in a shipwreck. Some people claimed to have seen his ghost walking around **inside** the lighthouse, while others said they had heard strange noises coming from within its walls. But no one knew for sure if there really was a ghost or not.

mensen beweerden zijn geest in de vuurtoren te hebben zien rondlopen, terwijl anderen zeiden dat ze vreemde geluiden hadden gehoord die uit de muren kwamen. Maar niemand wist zeker of er echt een geest was of niet. Op een nacht, tijdens een **hevige** storm, sloegen de golven tegen de rotsen onder de vuurtoren, en **de wind** gierde door de ramen en deuren. Iedereen die in de buurt woonde, dacht dat dit de nacht zou zijn waarin de oude vuurtoren eindelijk in stukken zou storten en door de zee zou worden weggevaagd. Maar wonder boven wonder overleefde de vuurtoren intact. En toen de ochtend aanbrak, konden degenen die naar buiten keken en de vuurtoren zagen staan als altijd, zweren dat ze een figuur in nautische **kleding zagen** die naar hen zwaaide vanuit een raam. De eenzame vuurtoren stond al vele jaren op de rand van de klif en er werd gezegd dat de geest van een zeeman die bij een schipbreuk om het leven was gekomen, er rondspookte. Sommige mensen beweerden zijn geest **in** de vuurtoren te hebben zien rondlopen, terwijl anderen zeiden dat ze vreemde geluiden hadden gehoord die uit de muren kwamen. Maar niemand wist zeker of er echt een spook was of niet.

Comprehension Questions

1. What was the lighthouse said to be haunted by?

2. How long had the lighthouse been standing on the edge of the cliff?

3. What did people say they had seen and heard coming from the lighthouse?

4. One night during a storm, what did everyone who lived nearby think would happen to the lighthouse?

5. Why were they surprised to see the lighthouse standing tall and proud the next morning?

6. What do you think the figure in nautical clothing was doing in the window of the lighthouse?

7. Do you think the lighthouse is really haunted? Why or why not?

8. What do you think the figure in the window was trying to tell the people who saw it?

9. What do you think would happen if you spent a night in the lighthouse?

10. Do you think the lighthouse has a story to tell? If so, what do you think it is?

Begrip vragen

1. Waar zou de vuurtoren door achtervolgd worden?

2. Hoe lang stond de vuurtoren al op de rand van de klif?

3. Wat zeiden de mensen dat ze hadden gezien en gehoord van de vuurtoren?

4. Op een nacht tijdens een storm, wat dacht iedereen die in de buurt woonde dat er met de vuurtoren zou gebeuren?

5. Waarom waren ze verbaasd toen ze de vuurtoren de volgende ochtend hoog en fier zagen staan?

6. Wat denk je dat de figuur in nautische kleding aan het doen was in het raam van de vuurtoren?

7. Denk je dat het echt spookt in de vuurtoren? Waarom wel of waarom niet?

8. Wat denk je dat de figuur in het raam probeerde te vertellen aan de mensen die het zagen?

9. Wat denk je dat er zou gebeuren als je een nacht in de vuurtoren zou doorbrengen?

10. Denk je dat de vuurtoren een verhaal te vertellen heeft? Zo ja, wat denk je dat het is?

At the beach

After sunrise, the waves are louder and the sand above the tide is white. I walk down to the beach, **admiring** the sea and the sun. My toes feel the grooves of shells. The sand is cold on my toes. I smile and keep going. The tide is high, so I have to be careful not to get pulled in. I walk along the water's edge, admiring the sea. The sunrise is **beautiful**, and the waves are crashing. I feel so peaceful. I come to a spot where there is a rock outcropping. I sit down and watch the waves. The water is so blue and the sky is so **orange**. I feel like I'm in a dream. I close my eyes and just listen to the waves. I sat there for a long time, until I heard someone calling my name.

I open my eyes and see my mom walking towards me. She has a worried look on her face. I smile and wave, and she **relaxes**. "I was wondering where you went," she says. "I'm glad you're enjoying the beach." I reply, "I am." "It's so beautiful here." "I know," she says. "I used to come here all the time when I was your age." "Really?" I ask. "Yeah," she replies. "It's a special place.""Did you ever meet anyone special here?" I ask. "I did," she replies with a smile. "Your father." "Really?" I say, **surprised**. "Yes," she says. "We used to come here all the time together. It's where we fell in love. "

Op het strand

Na zonsopgang zijn de golven luider en het zand boven
de vloed is wit. Ik loop naar het strand en **bewonder**
de zee en de zon. Mijn tenen voelen de groeven van
schelpen. Het zand is koud aan mijn tenen. Ik glimlach
en loop door. Het is vloed, dus ik moet oppassen dat
ik er niet in word getrokken. Ik loop langs de waterkant
en bewonder de zee. De zonsopgang is **prachtig**, en
de golven beuken. Ik voel me zo vredig. Ik kom op een
plek waar een rots uitsteekt. Ik ga zitten en kijk naar de
golven. Het water is zo blauw en de lucht is zo **oranje**.
Ik voel me alsof ik in een droom ben. Ik sluit mijn ogen
en luister alleen maar naar de golven. Ik zat daar een
hele tijd, tot ik iemand mijn naam hoorde roepen.

Ik open mijn ogen en zie mijn moeder naar me toe
lopen. Ze heeft een bezorgde blik op haar gezicht. Ik
glimlach en zwaai, en ze **ontspant zich**. "Ik vroeg me
al af waar je was," zegt ze. "Ik ben blij dat je van het
strand geniet." Ik antwoord: "Dat doe ik." "Het is hier
zo mooi." "Ik weet het," zegt ze. "Ik kwam hier altijd
toen ik zo oud was als jij." "Echt waar?" Vraag ik. "Ja,"
antwoordt ze. "Het is een speciale plek." "Heb je hier
ooit een speciaal iemand ontmoet?" Vraag ik. "Ik wel,"
antwoordt ze met een glimlach. "Je vader." "Echt waar?"
Zeg ik, **verbaasd**. "Ja," zegt ze. "We kwamen hier altijd

I smile, **imagining** my parents falling in love on this beautiful beach. "It's a special place," she repeats. "I'm glad you came here today."

We sit there for a while longer, **watching** the waves and the sunset. Then we get up and walk back to our beach towels. I lie down and look at the stars. I feel so happy and content. The waves are louder now, and the sand is cold. The sun is setting and a cool breeze is blowing. The waves are crashing against the shore, and the smell of salt is in the air. It is a perfect evening to be at the beach. I am walking along the shore, **listening** to the sound of the waves and watching the sunset. I see a group of people sitting on the sand, laughing and joking around. They look like they are having a great time. I walk over to them and ask if I can join them. They say yes, and we spend the rest of the evening talking, laughing, and watching the **sunset**. It is a perfect evening. The group and I talk until the sun sets. We share stories and jokes, and we all have a great time. As the night starts to fall, we all start to feel tired. We kiss each other **goodbye** and part ways. I walk back to my hotel, feeling happy and content. I can't believe how lovely it is here. I'm so lucky to have **experienced** it.

samen. Het is waar we verliefd werden. " Ik glimlach en **stel me voor hoe** mijn ouders verliefd werden op dit prachtige strand. "Het is een speciale plek," herhaalt ze. "Ik ben blij dat je hier vandaag bent."

We zitten daar nog een tijdje, **kijken naar** de golven en de zonsondergang. Dan staan we op en lopen terug naar onze strandhanddoeken. Ik ga liggen en kijk naar de sterren. Ik voel me zo gelukkig en tevreden. De golven zijn nu luider, en het zand is koud. De zon gaat onder en er waait een koel briesje. De golven beuken tegen de kust, en de geur van zout hangt in de lucht. Het is een perfecte avond om op het strand te zijn. Ik loop langs het strand, **luister** naar het geluid van de golven en kijk naar de zonsondergang. Ik zie een groep mensen op het zand zitten, lachend en grapjes makend. Ze zien eruit alsof ze het naar hun zin hebben. Ik loop naar ze toe en vraag of ik erbij mag komen zitten. Ze zeggen ja, en we brengen de rest van de avond door met praten, lachen en kijken naar de **zonsondergang**. Het is een perfecte avond. De groep en ik praten tot de zon ondergaat. We delen verhalen en grappen, en we hebben allemaal een geweldige tijd. Als de avond begint te vallen, beginnen we allemaal moe te worden. We kussen elkaar **vaarwel** en gaan uit elkaar. Ik loop terug naar mijn hotel en voel me gelukkig en tevreden. Ik kan niet geloven hoe mooi het hier is. Ik ben zo gelukkig dat ik het heb mogen **meemaken**.

Comprehension Questions

1. Where does the narrator go after she wakes up?

2. What is the narrator admiring as she walks along the beach?

3. What does the narrator have to watch out for as she walks along the beach?

4. Where does the narrator sit down to enjoy the view?

5. How long does the narrator sit there?

6. Whom does the narrator see when she opens her eyes again?

7. What does the narrator's mother say?

8. What do the narrator and the people she meets talk about?

Begrip vragen

1. Waar gaat de vertelster heen nadat ze wakker is geworden?

2. Wat bewondert de vertelster als ze langs het strand loopt?

3. Waar moet de vertelster op letten als ze langs het strand loopt?

4. Waar gaat de verteller zitten om van het uitzicht te genieten?

5. Hoe lang blijft de verteller daar zitten?

6. Wie ziet de verteller als ze haar ogen weer opent?

7. Wat zegt de moeder van de verteller?

8. Waar praten de verteller en de mensen die ze ontmoet over?

Camping at the Lake

I walk towards the lake, **admiring** the peacefulness of the scene. The sun is beating down on the small lake, making the water look like a sheet of glass. The only movement is the occasional ripple from a fish **breaking** the surface. Even the birds seem to be taking a break from the heat, with only the sound of cicadas filling the air. **Suddenly**, the peace is broken by a loud splash. A large **fish** has jumped out of the water, trying to catch a dragonfly. The fish misses its target and falls back into the water with a splash. "Wow," I think to myself, "that was a big fish!." I looked around to see if anyone else saw it, but there was no one around. I guess I'll have to tell them when I get back to camp.

The heat is **oppressive**, making it hard to breathe. The air is thick and heavy, like a blanket wrapped around you. The only relief is in the water. It is cool and refreshing, like a cold drink on a hot day. I take a deep breath and dive into the water. The relief is immediate as the cool water surrounds me. I swim down to the bottom and then back up to the surface, feeling the water cool my body. I continue **swimming** laps, enjoying the respite from the heat. After a while, I get out of the water and lie down on the grass, letting

Kamperen aan het meer

Ik loop naar het meer en **bewonder** de vredigheid van het tafereel. De zon schijnt op het meertje, waardoor het water een glazen plaat lijkt. De enige beweging is af en toe een rimpeling van een vis **die** het wateroppervlak breekt. Zelfs de vogels lijken een pauze te nemen van de hitte, met alleen het geluid van cicaden die de lucht vullen. **Plotseling** wordt de rust verbroken door een luide plons. Een grote **vis** is uit het water gesprongen, in een poging een libel te vangen. De vis mist zijn doel en valt met een plons terug in het water. "Wow," denk ik bij mezelf, "dat was een grote vis!." Ik keek om me heen om te zien of iemand anders hem had gezien, maar er was niemand in de buurt. Ik denk dat ik het ze zal moeten vertellen als ik terug ben in het kamp.

De hitte is **drukkend**, waardoor het moeilijk is om te ademen. De lucht is dik en zwaar, als een deken om je heen gewikkeld. De enige verlichting is in het water. Het is koel en verfrissend, als een koud drankje op een warme dag. Ik haal diep adem en duik in het water. De opluchting is onmiddellijk als het koele water me omringt. Ik zwem naar de bodem en dan weer naar de oppervlakte, terwijl ik voel hoe het water mijn lichaam afkoelt. Ik blijf baantjes trekken en geniet van de

the sun dry my body. I close my eyes and drift off to sleep, the sound of the **cicadas** lulling me into a deep slumber. I let the sun bake the water out of my skin. I can feel my skin getting red, but I don't care. I am too hot to care.The next thing I know, the sun is setting. The sky is a beautiful orange, with streaks of pink and purple. The heat is gone, replaced by a cool **breeze**.

I get up and put my clothes back on, feeling refreshed and rejuvenated. I take a deep **breath** of the cool air and smile. It feels good to be alive. I walk back to the campsite, admiring the way the colors dance in the sky. I can see the campfire burning in the distance, and I can smell the smoke in the air. I smile and **quicken** my pace. I am ready to relax and enjoy the rest of my evening. I walk into the campsite and see that everyone is gathered around the fire. They are **laughing** and joking, and I can see the fire reflecting in their eyes. I smile and sit down next to my friends. It is good to be back. The next morning, I wake up early and start to pack up my things. I am eager to get back on the trail and continue my journey. I say goodbye to my friends and start to walk away. As I walk, I take one last look at the **campsite**. I can see the fire still burning in the distance, and I can smell the smoke in the air. I smile and quicken my pace.

afkoeling van de hitte. Na een tijdje kom ik uit het water en ga op het gras liggen, zodat de zon mijn lichaam kan drogen. Ik sluit mijn ogen en val in slaap, het geluid van de **cicaden** brengt me in een diepe slaap. Ik laat de zon het water uit mijn huid bakken. Ik voel dat mijn huid rood wordt, maar dat kan me niet schelen. Ik heb het te warm om me zorgen te maken. Het volgende dat ik weet, is dat de zon ondergaat. De lucht is prachtig oranje, met roze en paarse strepen. De hitte is weg, vervangen door een koel **briesje**.

Ik sta op en trek mijn kleren weer aan. Ik voel me verfrist en verjongd. Ik haal diep **adem** uit de koele lucht en glimlach. Het voelt goed om te leven. Ik loop terug naar de camping en bewonder de manier waarop de kleuren in de lucht dansen. In de verte zie ik het kampvuur branden, en ik ruik de rook in de lucht. Ik glimlach en **versnel** mijn pas. Ik ben klaar om te ontspannen en te genieten van de rest van mijn avond. Ik loop de camping op en zie dat iedereen rond het vuur zit. Ze **lachen** en maken grapjes, en ik kan het vuur in hun ogen zien weerkaatsen. Ik glimlach en ga naast mijn vrienden zitten. Het is goed om terug te zijn. De volgende ochtend sta ik vroeg op en begin mijn spullen in te pakken. Ik sta te popelen om weer op pad te gaan en mijn reis voort te zetten. Ik neem afscheid van mijn vrienden en begin weg te lopen. Terwijl ik loop, werp ik nog een laatste blik op de **camping**. In de verte zie ik het vuur nog branden en ik ruik de rook in de lucht.

Comprehension Questions

1. Where is the walker going?

2. What kind of weather is it?

3. What does the water look like?

4. How does the walker react to the heat?

5. What is the fish doing?

6. Why is the walker alone?

7. How does the water feel?

8. How does the walker feel after swimming?

9. What time of day is it when the walker wakes up?

10. Where does the walker go when he leaves the camp?

Begrip vragen

1. Waar gaat de wandelaar heen?

2. Wat voor weer is het?

3. Hoe ziet het water eruit?

4. Hoe reageert de wandelaar op de hitte?

5. Wat doet de vis?

6. Waarom is de wandelaar alleen?

7. Hoe voelt het water aan?

8. Hoe voelt de wandelaar zich na het zwemmen?

9. Hoe laat is het als de wandelaar wakker wordt?

10. Waar gaat de wandelaar heen als hij het kamp verlaat?

The House

I moved into my new house last week, and I am so **excited**! It is so much bigger than my old one, and it has a big backyard. I can't wait to have friends over for BBQs and parties. My **favourite** part is my new bedroom. It is so big and bright, and I have lots of space to put all of my things. I am really happy with my new house and I think I will be very happy here. I decided to explore the house a bit more. I went upstairs to the second floor and started making my way to the kitchen when I saw a big black spider on the wall! I screamed and ran downstairs. I was so **scared**! But after a few minutes, I calmed down and decided to go back upstairs. I slowly made my way to the kitchen and saw that the spider was gone. I was so relieved! I went back downstairs and decided to go outside to explore the **backyard**. It was so big! I couldn't believe it. I saw a swing set in the corner and a slide. I also saw a basketball net and a **trampoline**. I was so excited!

I can't wait to use all of this new stuff. The **neighbours** came over and introduced themselves. They seemed really nice, and we talked for a while. They invited me to their BBQ next weekend, and I said I would love to come. I had a great first week in my new house, and I am excited about all of the new adventures that

Het Huis

Ik ben vorige week in mijn nieuwe huis getrokken, en ik ben zo **opgewonden**! Het is zoveel groter dan mijn oude, en het heeft een grote achtertuin. Ik kan niet wachten om vrienden uit te nodigen voor BBQ's en feestjes. Mijn **favoriete** deel is mijn nieuwe slaapkamer. Hij is zo groot en licht, en ik heb veel ruimte om al mijn spullen op te bergen. Ik ben echt blij met mijn nieuwe huis en ik denk dat ik hier heel gelukkig zal zijn. Ik besloot om het huis nog wat verder te verkennen. Ik ging naar boven naar de tweede verdieping en ging op weg naar de keuken toen ik een grote zwarte spin op de muur zag! Ik gilde en rende naar beneden. Ik was zo **bang**! Maar na een paar minuten was ik gekalmeerd en besloot ik terug naar boven te gaan. Ik ging langzaam naar de keuken en zag dat de spin weg was. Ik was zo opgelucht! Ik ging terug naar beneden en besloot naar buiten te gaan om de **achtertuin te verkennen**. Hij was zo groot! Ik kon het niet geloven. Ik zag een schommel in de hoek en een glijbaan. Ik zag ook een basketbalnet en een **trampoline**. Ik was zo opgewonden!

Ik kan niet wachten om al deze nieuwe spullen te gebruiken. De **buren** kwamen langs en stelden zich voor. Ze leken erg aardig, en we hebben een tijdje gepraat. Ze nodigden me uit voor hun BBQ volgend

are ahead. Today, I am going to go exploring in the backyard again and see what else I can find. Who knows, maybe I'll even find some **treasure**. I can't wait to see what the next week brings! The next week, I went exploring in the backyard again, and I found a **secret** garden. It was so beautiful! There were flowers everywhere and a little pond with fish in it. I also saw a swing set that I hadn't seen before. I was so excited to find this secret garden, and I can't wait to explore it more. It was so **beautiful**!

There were flowers everywhere and a little pond with fish in it. I also saw a **swing** set that I hadn't seen before. I was so excited to find this secret garden, and I can't wait to explore it more. I also loved my new room. It was so big and bright, and there were already posters of my favourite bands on the walls. I didn't even have to bring any of my own **furniture** because there was already a bed, dresser, and desk here. This is going to be the best year ever! I was a little nervous about starting at a new **school**, but all of my new neighbours have been so friendly. I even met a girl who lives next door, and she says that she'll walk to school with me on my first day.

weekend, en ik zei dat ik graag zou komen. Ik had een geweldige eerste week in mijn nieuwe huis, en ik ben opgewonden over alle nieuwe avonturen die in het verschiet liggen. Vandaag ga ik weer op verkenning in de achtertuin en kijken wat ik nog meer kan vinden. Wie weet, misschien vind ik wel een **schat**. Ik kan niet wachten om te zien wat de volgende week brengt!

De volgende week ging ik weer op verkenning in de achtertuin, en ik vond een **geheime** tuin. Het was zo mooi! Er waren overal bloemen en een kleine vijver met vissen erin. Ik zag ook een schommel die ik nog niet eerder had gezien. Ik was zo opgewonden toen ik deze geheime tuin vond, en ik kan niet wachten om hem verder te verkennen. Het was zo **mooi**!

Er waren overal bloemen en een kleine vijver met vissen erin. Ik zag ook een **schommel** die ik nog niet eerder had gezien. Ik was zo opgewonden toen ik deze geheime tuin vond, en ik kan niet wachten om hem verder te verkennen. Ik vond mijn nieuwe kamer ook geweldig. Hij was zo groot en licht, en er hingen al posters van mijn favoriete bands aan de muur. Ik hoefde niet eens mijn eigen **meubels** mee te nemen, want er stonden al een bed, een dressoir en een bureau. Dit wordt het beste jaar ooit! Ik was een beetje nerveus om op een nieuwe **school** te beginnen, maar al mijn nieuwe buren zijn zo vriendelijk. Ik heb zelfs een meisje ontmoet dat naast me woont, en ze zegt dat ze op mijn eerste dag met me naar school zal lopen.

Comprehension Questions

1. Where does the person live?

2. How does the person like it in the new house?

3. What is the person's favorite part of the new house?

4. What did the person find in the garden?

5. Who are the neighbors?

6. How did the person's first days in the new house feel?

7. What is the person's favorite part of the new room?

8. What is the person planning to do tomorrow?

9. What was the best part of the person's first week in the new house?

10. What is everything in the person's new room?

Begrip vragen

1. Waar woont de persoon?

2. Hoe vindt de persoon het in het nieuwe huis?

3. Wat is het favoriete deel van het nieuwe huis van de persoon?

4. Wat heeft de persoon in de tuin gevonden?

5. Wie zijn de buren?

6. Hoe voelde de persoon zich de eerste dagen in het nieuwe huis?

7. Wat is het favoriete deel van de nieuwe kamer van de persoon?

8. Wat is de persoon van plan morgen te doen?

9. Wat was het beste deel van de eerste week van de persoon in het nieuwe huis?

10. Wat is er allemaal in de nieuwe kamer van de persoon?

On the train

I ran to the train station, but I was too late. The train had already left without me. I felt so **angry** and **disappointed** with myself. I had been planning to take the train to visit my grandparents who live in the country, but now I would have to wait a whole hour for the next train. I decided to walk around the city for a while instead and tried to forget about my missed opportunity. As I walked, I started **daydreaming** about all of the places that **trains** can take you. Suddenly, I wasn't so upset anymore. I head back into the station and can't help but to notice the large red, white, and blue locomotive chugging its way towards me. It's not until I see the **conductor** waving at me from the window that I realise that this train is for me. I board the train and find my seat, settling in for what promises to be a long journey.

As we pull out of the station, I can't help but wonder where this train will take me. Through **fields** of green and over rivers blue, past mountains and valleys too, there's no telling where this old train will go. As night begins to fall, I drift off into a **peaceful** sleep, lulled by the **rhythmic** movement of the cars on the tracks below. When morning comes again, I open my eyes to find that we've arrived in a small town somewhere

In de trein

Ik rende naar het treinstation, maar ik was te laat. De trein was al vertrokken zonder mij. Ik voelde me zo **boos** en **teleurgesteld** in mezelf. Ik was van plan om met de trein naar mijn grootouders te gaan die op het platteland wonen, maar nu moest ik een heel uur wachten op de volgende trein. Ik besloot in plaats daarvan een eindje door de stad te lopen en probeerde mijn gemiste kans te vergeten. Terwijl ik liep, begon ik **te dagdromen** over alle plaatsen waar **treinen** je kunnen brengen. Plotseling was ik niet meer zo van streek. Ik liep terug naar het station en zag de grote rood-wit-blauwe locomotief die op me af kwam rijden. Pas als ik de **conducteur** vanuit het raam naar me zie zwaaien, realiseer ik me dat deze trein voor mij is. Ik stap in de trein en zoek een zitplaats. Ik ga zitten voor wat een lange reis belooft te worden.

Terwijl we het station uitrijden, vraag ik me af waar deze trein me heen zal brengen. Door groene **velden** en over blauwe rivieren, langs bergen en valleien, het is niet te zeggen waar deze oude trein heen zal gaan. Als de nacht begint te vallen, drijf ik weg in een **vredige** slaap, gewiegd door de **ritmische** beweging van de wagons op de sporen beneden. Als het weer ochtend wordt, open ik mijn ogen en zie dat we in een klein stadje

in the middle of nowhere. The sun is just peeking over the horizon as locals start milling about on Main Street; it looks like any other day here except for one thing-there's a big sign posted near City Hall that reads "Welcome aboard!" It seems this little town has been expecting us, even though we're just an ordinary **passenger** train passing through on our way elsewhere. As we leave town behind us once more, chugging along towards who knows where next, I smile at all the friendly faces waving goodbye from those little houses nestled amongst **farmland**—it really is amazing how something so seemingly ordinary can bring so much joy simply by passing through. And then, of course, there are the **children**.

I lean out the window of my locomotive. They always make me feel so happy with their shining eyes and big grins. I waved back at them energetically before returning to my **cabin** and taking a seat. It's been a long day already, but it's not over yet; there's still another few hours until we reach our final **destination**. I pull out my book and start reading, letting the rhythmic rocking of the train lull me into a peaceful state. Every now and then I glance up at the scenery passing by outside— it never gets old no matter how many times I see it. Eventually, night starts to fall and **twinkling** lights start to appear in the distance; we're getting close now. Soon enough, we're pulling into the station and coming to a stop.

ergens in niemandsland zijn aangekomen. De zon komt net boven de horizon als de plaatselijke bevolking zich in de hoofdstraat begint te mengen; het ziet er hier uit als elke andere dag, behalve één ding - er hangt een groot bord bij het stadhuis met de tekst "Welkom aan boord!" Het lijkt erop dat dit stadje ons verwacht, ook al zijn we maar een gewone passagierstrein op doorreis naar elders. Terwijl we de stad weer achter ons laten, op weg naar wie weet waar, glimlach ik om al die vriendelijke gezichten die ons uitzwaaien vanuit die kleine huisjes tussen **het boerenland -** het is echt verbazingwekkend hoe iets dat zo gewoon lijkt, zoveel vreugde kan brengen door er gewoon langs te rijden. En dan, natuurlijk, zijn er de **kinderen**.

Ik leun uit het raam van mijn locomotief. Ze maken me altijd zo blij met hun stralende ogen en grote grijnzen. Ik zwaai energiek naar ze terug voordat ik terugga naar mijn **cabine** en ga zitten. Het was al een lange dag, maar hij is nog niet voorbij; het duurt nog een paar uur voordat we onze **eindbestemming** bereiken. Ik pak mijn boek en begin te lezen, terwijl het ritmische schommelen van de trein me in een vredige toestand brengt. Af en toe kijk ik op naar het landschap dat buiten aan me voorbijtrekt - het verveelt nooit, hoe vaak ik het ook zie. Uiteindelijk begint de nacht te vallen en verschijnen er **twinkelende** lichtjes in de verte; we komen nu in de buurt. Snel genoeg rijden we het station binnen en komen tot stilstand.

Comprehension Questions

1. Where is the train going?

2. Who is traveling on the train?

3. When does the train leave?

4. How does the protagonist get on the train?

5. Where does the train come from?

6. Where is the train going next?

7. When did the passengers arrive?

8. How does the protagonist feel when he misses the train?

9. How does the train driver react when he sees the protagonist?

10. Why does the protagonist like trains?

Begrip vragen

1. Waar gaat de trein heen?

2. Wie reist er met de trein?

3. Wanneer vertrekt de trein?

4. Hoe komt de hoofdpersoon op de trein?

5. Waar komt de trein vandaan?

6. Waar gaat de trein nu heen?

7. Wanneer zijn de passagiers aangekomen?

8. Hoe voelt de hoofdpersoon zich als hij de trein mist?

9. Hoe reageert de treinmachinist als hij de hoofdpersoon ziet?

10. Waarom houdt de hoofdpersoon van treinen?

Cooking Dinner

It's 5 pm now and I am walking home from work. I'm looking **forward** to having a calm evening at home with my partner. We'll cook dinner together and then just relax for the rest of the night. It feels good to know that I don't have any plans or obligations this **evening**. I arrive home and my partner is already in the kitchen, starting to prepare our dinner. It smells **amazing** in here! We chat as we cook, catching up on each other's days and sharing little stories from our work lives. The kitchen is my favourite room in our apartment. I love cooking, and I especially love cooking with my partner. We always have such a good time in here, laughing and joking around while we cook up a storm. Plus, the food is always **incredible** when we work **together**.

Tonight, we're making one of my all-time favourite recipes: **chicken** Parmesan. My partner starts by breading the chicken while I get the sauce simmering on the **stovetop**. We work together like a well-oiled machine, and before long, dinner is ready to serve. We sit down at our little kitchen table with **plates** heaped high with chicken Parmesan, pasta, and salad. We clink glasses and take our first bite—and it's **heavenly**! The chicken is crispy on the outside but juicy on the inside; the sauce is flavorful and perfect; the pasta is cooked

Diner koken

Het is nu 5 uur 's middags en ik loop van mijn werk naar huis. Ik kijk **uit** naar een rustige avond thuis met mijn partner. We zullen samen eten koken en dan de rest van de avond ontspannen. Het voelt goed om te weten dat ik deze **avond** geen plannen of verplichtingen heb. Ik kom thuis en mijn partner is al in de keuken om ons eten klaar te maken. Het ruikt hier geweldig! We kletsen terwijl we koken, praten bij over elkaars dagen en delen kleine verhalen uit ons werkleven. De keuken is mijn favoriete kamer in ons appartement. Ik hou van koken, en vooral van koken met mijn partner. We hebben het hier altijd zo gezellig, we lachen en maken grapjes terwijl we koken. En het eten is altijd **heerlijk** als we **samenwerken**.

Vanavond maken we een van m'n lievelingsrecepten: Parmezaanse kip. Mijn partner begint met het paneren van de kip, terwijl ik de saus op het **fornuis** laat pruttelen. We werken samen als een goed geoliede machine en al snel is het eten klaar om op te dienen. We gaan aan onze kleine keukentafel zitten met **borden** vol met Parmezaanse kip, pasta en salade. We klinken op de glazen en nemen onze eerste hap, en het is **hemels**! De kip is knapperig van buiten maar sappig van binnen; de saus is smaakvol en perfect;

al dente... everything tastes absolutely perfect tonight. We both know that this was one of those nights where everything just came together perfectly as we **savour** every last bite of our delicious meal. It tasted even better than it smelled—which was pretty damn good! We finish our meal relatively quickly as neither of us is particularly hungry today, but we take our time enjoying a few more **glasses** of wine while chatting lightly about this and that topic. After dinner, we clean up quickly together and then move into the living room, where we spend some time **cuddling** on the couch while watching TV.

It feels so nice just being close to each other after a long day apart **working**. I feel content. Even though we didn't have an eventful evening, it was nice to just spend some time together without having to leave the house. We watched a movie and went to bed early, feeling **satisfied** with our simple night in. This has become one of our **favourite** things to do on nights when we don't want to go out—just relax at home and enjoy each other's company over a home-cooked meal. It's always nice to know that we can come back here after a long day and just be ourselves.

de pasta is al dente gekookt... alles smaakt absoluut perfect vanavond. We weten allebei dat dit een van die avonden was waarop alles perfect samenkwam en we **genieten van** elke laatste hap van onze heerlijke maaltijd. Het smaakte nog beter dan het rook, en dat was verdomd goed! We eten relatief snel, omdat geen van ons beiden vandaag honger heeft, maar we nemen de tijd om nog een paar **glazen** wijn te drinken terwijl we luchtig kletsen over van alles en nog wat. Na het eten ruimen we snel samen op en gaan dan naar de woonkamer, waar we een poosje **knuffelen** op de bank terwijl we TV kijken.

Het voelt zo fijn om dicht bij elkaar te zijn na een lange dag apart **werken**. Ik voel me voldaan. Ook al hadden we geen avond vol belevenissen, het was fijn om gewoon wat tijd met elkaar door te brengen zonder het huis uit te hoeven. We keken een film en gingen vroeg naar bed, met een **voldaan** gevoel over onze eenvoudige avond. Dit is een van onze **favoriete** dingen geworden om te doen op avonden dat we niet uit willen gaan - gewoon thuis ontspannen en genieten van elkaars gezelschap tijdens een zelfgekookte maaltijd. Het is altijd fijn om te weten dat we hier na een lange dag kunnen terugkomen en gewoon onszelf kunnen zijn.

Comprehension
Questions

1. Where does the narrator come from?

2. What does the narrator do after work?

3. What does the narrator eat for dinner?

4. Why does the narrator like the kitchen?

5. What kind of dish does the couple cook?

6. How does the narrator feel at the end of the evening?

7. What is the couple's favorite thing to do?

8. What do the couple do when they get tired?

9. Where do they sleep?

10. Why does the narrator like to stay at home?

Begrip vragen

1. Waar komt de verteller vandaan?

2. Wat doet de verteller na het werk?

3. Wat eet de verteller als avondeten?

4. Waarom houdt de verteller van de keuken?

5. Wat voor gerecht kookt het stel?

6. Hoe voelt de verteller zich aan het eind van de avond?

7. Wat is het favoriete ding van het koppel om te doen?

8. Wat doet het stel als ze moe worden?

9. Waar slapen ze?

10. Waarom blijft de verteller graag thuis?

Walking Home

It was a **peaceful** night as I walked home from work. As I walked, I couldn't help but smile at the memories. It felt good to be back in my old neighborhood. I waved to a few people I knew, and they waved back. It was good to be home. I walked past my old school and **remembered** all the good times I had with my friends. We would always walk home together and talk about our day. **Sometimes** we would stop and get ice cream or go to the park. Those were the best times. I miss those times. But now I have my own family and I'm happy with my life. I'm glad I can look back on those memories and smile. They are a part of my life that I will always cherish. Those were the best times. I miss those times. But now I have my own family and I'm happy with my life. I'm glad I can look back on those **memories** and smile. They are a part of my life that I will always cherish.

I keep walking, thinking about the good times I had with my friends. I know I'll see them again soon. I head towards my home and decide to walk through a park nearby. The sun is setting and the sky is turning a **beautiful** orange color. The park is empty, except for a few birds chirping in the trees. I take a deep **breath** and smile. As I walk through the park, I see a shooting

Walking Home

Het was een **rustige** avond toen ik van mijn werk naar huis liep. Terwijl ik liep, kon ik niet anders dan glimlachen bij de herinneringen. Het voelde goed om terug in mijn oude buurt te zijn. Ik zwaaide naar een paar mensen die ik kende, en zij zwaaiden terug. Het was goed om thuis te zijn. Ik liep langs mijn oude school en **herinnerde me** alle leuke tijden die ik had met mijn vrienden. We liepen altijd samen naar huis en praatten over onze dag. **Soms** stopten we om een ijsje te halen of gingen we naar het park. Dat waren de beste tijden. Ik mis die tijden. Maar nu heb ik mijn eigen familie en ik ben blij met mijn leven. Ik ben blij dat ik op die herinneringen kan terugkijken en glimlachen. Ze zijn een deel van mijn leven dat ik altijd zal koesteren. Dat waren de beste tijden. Ik mis die tijden. Maar nu heb ik mijn eigen familie en ben ik gelukkig met mijn leven. Ik ben blij dat ik kan terugkijken op die **herinneringen** en kan glimlachen. Ze zijn een deel van mijn leven dat ik altijd zal koesteren.

Ik blijf lopen, denkend aan de goede tijden die ik had met mijn vrienden. Ik weet dat ik ze snel weer zal zien. Ik ga richting mijn huis en besluit door een park in de buurt te lopen. De zon gaat onder en de lucht kleurt **prachtig** oranje. Het park is leeg, behalve een

star streak across the sky. I made a wish on that star, and kept walking. I think about my day at work and how **peaceful** it was. I smile to myself, thinking about how lucky I am to have such a great job. I walk home, **feeling** the cool night air on my skin. I feel so alive and happy, just enjoying the simple act of walking home on a peaceful night. I felt so good, I started **whistling**. I walked past a few people on the street, but they were all minding their own business.

I turned the corner onto my street and saw my neighbor's cat, Mr. Whiskers, sitting on my porch. I said hello to him and he meowed back. I **unlocked** my door and went inside. I was so happy to be home. I took off my shoes and got ready for bed. I went to bed that night feeling happy and grateful, my heart full of love. I slept soundly through the night, not worrying about anything. I woke up from a restful sleep and was **greeted** by the sun shining in through my window. I got out of bed and stretched, taking a deep breath and feeling the cool air fill my lungs. I walked to my window and looked out, hearing the birds chirping and the **squirrels** playing. I smiled and went to get dressed, feeling happy and content.

paar vogels die in de bomen tjilpen. Ik haal diep **adem** en glimlach. Terwijl ik door het park loop, zie ik een vallende ster door de lucht scheren. Ik doe een wens op die ster, en loop verder. Ik denk aan mijn dag op het werk en hoe **vredig** het was. Ik glimlach in mezelf, denkend aan hoe gelukkig ik ben dat ik zo'n geweldige baan heb. Ik loop naar huis en **voel** de koele nachtlucht op mijn huid. Ik voel me zo levendig en gelukkig, gewoon genietend van de eenvoudige handeling van het naar huis lopen op een vredige avond. Ik voelde me zo goed, dat ik begon te **fluiten**. Ik liep langs een paar mensen op straat, maar ze bemoeiden zich allemaal met hun eigen zaken.

Ik draaide de hoek van mijn straat om en zag de kat van mijn buren, Mr. Whiskers, op mijn veranda zitten. Ik zei hem gedag en hij miauwde terug. Ik **deed** mijn deur **van het slot** en ging naar binnen. Ik was zo blij om thuis te zijn. Ik trok mijn schoenen uit en maakte me klaar om naar bed te gaan. Ik ging die avond naar bed met een blij en dankbaar gevoel, mijn hart vol liefde. Ik sliep de hele nacht rustig door, zonder me ergens zorgen over te maken. Ik werd wakker uit een rustgevende slaap en werd **begroet** door de zon die door mijn raam naar binnen scheen. Ik stapte uit bed en rekte me uit, haalde diep adem en voelde hoe de koele lucht mijn longen vulde. Ik liep naar mijn raam en keek naar buiten, hoorde de vogels kwetteren en de **eekhoorns** spelen. Ik glimlachte en kleedde me aan, blij en tevreden.

Comprehension Questions

1. What was the protagonist doing when the story started?

2. What did the protagonist think about when walking home?

3. What did the protagonist used to do with friends after school?

4. What does the protagonist miss about those times?

5. What does the protagonist think about their current life?

6. What does the protagonist do when they see a shooting star?

7. How does the protagonist feel when they walk home?

8. What does the protagonist do when they get home?

9. How does the protagonist feel when they wake up the next morning?

10. What does the protagonist do the next day?

Begrip vragen

1. Wat was de hoofdpersoon aan het doen toen het verhaal begon?

2. Waar dacht de hoofdpersoon aan toen hij naar huis liep?

3. Wat deed de hoofdpersoon vroeger met vrienden na school?

4. Wat mist de hoofdpersoon van die tijd?

5. Wat vindt de hoofdpersoon van zijn huidige leven?

6. Wat doet de hoofdpersoon als hij een vallende ster ziet?

7. Hoe voelt de hoofdpersoon zich als ze naar huis lopen?

8. Wat doet de hoofdpersoon als ze thuiskomen?

9. Hoe voelt de hoofdpersoon zich als hij de volgende ochtend wakker wordt?

10. Wat doet de hoofdpersoon de volgende dag?

The castle

The family had always wanted to visit an old castle in **Germany**, and finally they took the trip. They were not **disappointed**. The castle was beautiful, and they enjoyed exploring its many rooms and corridors. The first thing that hit them was the smell. They found **mould**, dampness, and something else they couldn't quite put their finger on. The second thing was the sound. Stone walls are thick, but they don't deaden sound completely. They heard every footstep, every word spoken in a normal voice, and the occasional drip of water **somewhere** in the distance. As their eyes adjusted to the dim light, they saw massive stone walls looming all around them, tapestries hanging from them in **tattered** shreds. They were standing in a huge hall with a high ceiling supported by carved pillars. They also loved the views from the turrets, and the kids had a great time running around the grounds. The **sun** had begun to set by the time they finished exploring the castle, and they regretted that they hadn't brought a **flashlight**. They decided to make their way back to the entrance, but soon found themselves lost. They wandered around for what felt like hours, until finally they came across a door that led outside. They continued until they **reached** the end of the hall and came to an imposing set of double doors. Try as they

Het kasteel

De familie had altijd al eens een oud kasteel in
Duitsland willen bezoeken, en eindelijk hebben ze
de reis gemaakt. Ze werden niet **teleurgesteld**. Het
kasteel was prachtig, en ze genoten van het verkennen
van de vele kamers en gangen. Het eerste wat hen
trof was de geur. Ze vonden **schimmel**, vochtigheid,
en iets anders waar ze hun vinger niet op konden
leggen. Het tweede was het geluid. Stenen muren
zijn dik, maar ze dempen het geluid niet volledig.
Ze hoorden elke voetstap, elk woord dat met een
normale stem werd gesproken, en af en toe een
druppeltje water **ergens** in de verte. Toen hun ogen
zich aanpasten aan het zwakke licht, zagen zij overal
om hen heen massieve stenen muren opdoemen,
waaraan wandtapijten in flarden hingen. Ze stonden in
een enorme hal met een hoog plafond, ondersteund
door gebeeldhouwde pilaren. Ze hielden ook van het
uitzicht vanaf de torentjes, en de kinderen vermaakten
zich met rondrennen over het terrein. De **zon** begon
al onder te gaan tegen de tijd dat ze klaar waren met
het verkennen van het kasteel, en ze betreurden
het dat ze geen **zaklamp** hadden meegenomen. Ze
besloten om terug te gaan naar de ingang, maar al
snel waren ze verdwaald. Ze dwaalden urenlang rond,
tot ze eindelijk een deur tegenkwamen die naar buiten

might, the doors wouldn't budge. They rattle **ominously** but don't move an inch. It looked like whoever was here before must have gone through here and locked them from inside. Eventually, they find a way out. Relief washed over them as they stepped out into the cool night air.

The sun had begun to set, and they **regretted** that they hadn't brought a flashlight. They decided to make their way back to the entrance, but soon found themselves lost. They wandered around for what felt like hours, until finally they came across a door that led **outside**. Relief washed over them as they stepped out into the cool night air. The next evening, they made sure to take a flashlight with them as they explored the rest of the castle. They walked through the **courtyard** and down to the river that ran behind the **castle** walls. As they walked around, they began to hear strange noises. It sounded like someone was following them. They quickened their pace, but the noises got louder and closer. The family ran back to the castle as fast as they could, and they were relieved to see that the figure in the **dark** cloak had not followed them.

leidde. Ze liepen door tot ze **aan het** eind van de gang kwamen bij een imposant stel dubbele deuren. Hoe ze ook probeerden, de deuren wilden niet bewegen. Ze rammelden **onheilspellend**, maar bewogen geen centimeter. Het leek erop dat degene die hier eerder was, hier doorheen was gegaan en ze van binnenuit had afgesloten. Uiteindelijk vinden ze een uitweg. Opluchting overspoelde hen toen ze naar buiten stapten in de koele nachtlucht.

De zon begon onder te gaan en zij **betreurden het** dat zij geen zaklamp hadden meegenomen. Ze besloten terug te gaan naar de ingang, maar al gauw waren ze verdwaald. Ze dwaalden urenlang rond, tot ze eindelijk een deur tegenkwamen die **naar buiten** leidde. Opluchting overviel hen toen ze naar buiten stapten in de koele nachtlucht. De volgende avond namen ze een zaklamp mee om de rest van het kasteel te verkennen. Ze liepen over de **binnenplaats** en naar de rivier die achter de kasteelmuren stroomde. Terwijl ze rondliepen, begonnen ze vreemde geluiden te horen. Het klonk alsof iemand hen volgde. Ze versnelden hun pas, maar de geluiden werden luider en dichterbij. De familie rende zo snel als ze konden terug naar het kasteel, en ze waren opgelucht toen ze zagen dat de figuur in de **donkere** mantel hen niet was gevolgd.

Comprehension Questions

1. What did the family do when they got lost in the castle?

2. How did the family feel when they found out it was just a local man?

3. What did the man do that got him arrested?

4. What was the sentence for the man?

5. What noise did the family hear while they were walking?

6. Where was the figure in the dark cloak when the family saw him?

7. What did the family do when they got back to their room?

8. When did the family go explore the castle again?

9. What was the thing that the family couldn't put their finger on?

10. What did the family do before they went exploring the castle again?

Begrip vragen

1. Wat deed de familie toen ze verdwaald waren in het kasteel?

2. Hoe voelde de familie zich toen ze erachter kwamen dat het gewoon een lokale man was?

3. Wat heeft de man gedaan waardoor hij gearresteerd is?

4. Wat was de straf voor de man?

5. Welk geluid hoorde de familie tijdens de wandeling?

6. Waar was de figuur in de donkere mantel toen de familie hem zag?

7. Wat deed de familie toen ze terugkwamen in hun kamer?

8. Wanneer ging de familie het kasteel weer verkennen?

9. Wat was het ding waar de familie hun vinger niet op konden leggen?

10. Wat deed de familie voordat ze weer op verkenning gingen in het kasteel?

My Garden

My garden is my happy place. I go out there every day, rain or shine, and spend time tending to my plants. I have a little bit of **everything**-vegetables, fruits, flowers, herbs. I even have a few chickens that help keep the pests at bay. I start my days in the garden by gathering eggs from the chickens. Then I check on my veggies, making sure they are getting enough water and sun. I weed the beds and pick off any bugs that might be **attacking** the plants. Once **everything** is taken care of, I sit back and enjoy the peace and quiet of nature.

I have always loved spending time in my garden. There is something about being surrounded by nature and all of the **beauty** that it has to offer. I find it to be a very peaceful and calming place. I often spend time in my garden just relaxing and enjoying the scenery. I also enjoy working in my garden and growing things. I have a pretty good-sized garden, and I like to grow a variety of **different** things in it. I grow flowers, **vegetables**, and herbs. I also have a few fruit trees that produce some delicious apples, pears, and plums. In addition to growing things, I also enjoy spending time just walking around my garden, **admiring** all of the different plants and animals that call it home. I have spent many hours over the years working on making my **garden** into a

Mijn tuin

Mijn tuin is mijn geluksplek. Ik ga er elke dag heen, regen of zonneschijn, en besteed tijd aan het verzorgen van mijn planten. Ik heb een beetje van **alles:** **groenten**, fruit, bloemen, kruiden. Ik heb zelfs een paar kippen die helpen het ongedierte op afstand te houden. Ik begin mijn dagen in de tuin met het rapen van eieren bij de kippen. Dan controleer ik mijn groenten en zorg ervoor dat ze genoeg water en zon krijgen. Ik wied de bedden en verwijder insecten die de planten kunnen **aanvallen**. Als **alles** is gedaan, leun ik achterover en geniet van de rust en stilte van de natuur.

Ik heb altijd graag tijd doorgebracht in mijn tuin. Er is iets met het omringd zijn door de natuur en al het **moois** dat zij te bieden heeft. Ik vind het een heel vredige en kalmerende plek. Ik breng vaak tijd door in mijn tuin, gewoon om te ontspannen en te genieten van het landschap. Ik geniet er ook van om in mijn tuin te werken en dingen te kweken. Ik heb een behoorlijk grote tuin, en ik kweek er graag **verschillende** dingen in. Ik kweek bloemen, **groenten** en kruiden. Ik heb ook een paar fruitbomen die heerlijke appels, peren en pruimen voortbrengen. Naast het kweken van dingen, vind ik het ook leuk om gewoon in mijn tuin rond te lopen en de verschillende planten en dieren te

place that is not only beautiful but also functional. I love to watch the birds flit around and listen to them sing. Sometimes I even bring out a book and read in the garden while surrounded by all the beauty that I've created. **Gardening** is my passion and it brings me so much joy. Every day in my garden is a good day.

One of the things that I love to do is cook, so having a well-stocked herb garden is very **important** to me. Thyme, basil, oregano, rosemary, sage, and lavender are just some of the herbs that I like to grow in my garden so that I can use them when cooking meals for myself or for **guests**. Another thing that is important to me when it comes to my garden is making sure that there is plenty of colour throughout it. To achieve this goal, I grow a wide variety of flowers, including **roses**, lilies, daisies, tulips, impatiens, marigolds, etc. In addition to adding colour with flowers, I also like to add interest by using different **textures** throughout the garden. For instance, I might plant ferns beneath towering sunflowers or hostas **alongside** spiky ornamental grasses. No matter what else might be going on in life, working in my garden always **manages** to help me feel more connected to nature and at peace with myself.

bewonderen die er wonen. Ik heb in de loop der jaren vele uren besteed om van mijn **tuin** een plek te maken die niet alleen mooi is, maar ook functioneel. Ik kijk graag naar de vogels die rondfladderen en luister naar hun gezang. Soms haal ik zelfs een boek tevoorschijn en lees in de tuin terwijl ik omringd ben door al het moois dat ik heb gecreëerd. **Tuinieren** is mijn passie en het brengt me zoveel vreugde. Elke dag in mijn tuin is een goede dag.

Een van de dingen die ik graag doe is koken, dus een goed gevulde kruidentuin is erg **belangrijk** voor me. Tijm, basilicum, oregano, rozemarijn, salie en lavendel zijn slechts enkele van de kruiden die ik graag in mijn tuin kweek, zodat ik ze kan gebruiken bij het bereiden van maaltijden voor mezelf of voor **gasten**. Wat ik ook belangrijk vind in mijn tuin is dat er veel kleur in zit. Om dit doel te bereiken, kweek ik een grote verscheidenheid aan bloemen, waaronder **rozen**, lelies, madeliefjes, tulpen, impatiens, goudsbloemen, enz. Naast het toevoegen van kleur met bloemen, vind ik het ook leuk om verschillende **texturen te** gebruiken in de tuin. Zo plant ik bijvoorbeeld varens onder torenhoge zonnebloemen of hosta's **naast** stekelige siergrassen. Wat er verder ook aan de hand is in mijn leven, door in mijn tuin **te** werken voel ik me altijd meer verbonden met de natuur en in vrede met mezelf.

Comprehension Questions

1. Where is the author's garden?

2. How many chickens does the author have?

3. What does the author do in the garden every day?

4. Why does the author like the garden?

5. What herbs does the author plant in the garden?

6. Why is it important to the author that there are many colors in his garden?

7. How does the author bring variety to his garden?

8. How does the author feel when he works in his garden?

9. What makes the author feel connected when he is in his garden?

10. why is every day in the author's garden a good day?

Begrip vragen

1. Waar is de tuin van de auteur?

2. Hoeveel kippen heeft de schrijver?

3. Wat doet de schrijver elke dag in de tuin?

4. Waarom houdt de auteur van de tuin?

5. Welke kruiden plant de auteur in de tuin?

6. Waarom is het belangrijk voor de auteur dat er veel kleuren in zijn tuin zijn?

7. Hoe brengt de auteur afwisseling in zijn tuin?

8. Hoe voelt de schrijver zich als hij in zijn tuin werkt?

9. Waardoor voelt de auteur zich verbonden als hij in zijn tuin is?

10. Waarom is elke dag in de tuin van de auteur een goede dag?

Going Shopping

I love going **shopping** in the mall. It's always so much fun to walk around and look at all the different stores. There's something for everyone in the mall, and it's always a great place to find deals on clothes, shoes, and accessories. I **usually** start my shopping trip by walking through the main **entrance** of the mall. From there, I head to my favourite stores first. After looking through those stores, I'll walk around and see if there are any sales going on at other places. I usually end up spending a couple hours in the mall before I finally make my purchases. I always like to take my time when shopping **because** I want to make sure that I'm getting **exactly** what I want. Plus, it's just more fun that way!

I always find it so **fascinating** to people watch while I'm at the mall. You can really tell a lot about a person by the way they shop. Some people are very methodical and take their time, while others just seem to grab **whatever** they can and head for the check-out as fast as possible. There are also those shoppers who seem more interested in talking on their cell phones or texting than actually looking at any of the merchandise! No matter what kind of shopper you are, though, everyone seems to enjoy window shopping—even if you don't actually buy anything. There's just something about

Gaan winkelen

Ik hou ervan om te gaan **winkelen** in het
winkelcentrum. Het is altijd zo leuk om rond te lopen
en naar alle verschillende winkels te kijken. Er is
voor elk wat wils in het winkelcentrum, en het is altijd
een geweldige plek om deals te vinden voor kleren,
schoenen en accessoires. Ik begin mijn shoppingtrip
meestal met een wandeling door de **hoofdingang** van
het winkelcentrum. Van daaruit ga ik eerst naar mijn
favoriete winkels. Na het bekijken van die winkels,
loop ik rond en kijk of er een verkoop gaande is op
andere plaatsen. Meestal ben ik wel een paar uur in het
winkelcentrum voordat ik eindelijk mijn aankopen doe.
Ik neem altijd graag mijn tijd als ik ga winkelen, **want** ik
wil zeker weten dat ik **precies** krijg wat ik wil. Plus, het
is gewoon leuker op die manier!

Ik vind het altijd zo **fascinerend** om mensen te kijken
als ik in het winkelcentrum ben. Je kunt echt veel
over een persoon vertellen door de manier waarop ze
winkelen. Sommige mensen zijn heel methodisch en
nemen hun tijd, terwijl anderen gewoon lijken te grijpen
wat ze kunnen en zo snel mogelijk naar de kassa gaan.
Er zijn ook shoppers die meer geïnteresseerd lijken
te zijn in het praten op hun mobieltje of in sms'en dan
in het bekijken van de koopwaar! Het maakt echter

looking at all of the pretty things in the store **windows** that makes me happy. Sometimes I fantasise about what it would be like if I could afford **everything** I see! All in all, spending a day shopping at the mall is one of my favourite pastimes. It's a great way to relax and unwind while also getting a little bit of exercise (if you walk around enough). Plus, it's **always** nice to treat yourself to a new shirt or pair of shoes every now and then!

I had a **long** day at work and finally had some time to myself, so I decided to go shopping at the mall. I needed some new clothes for the **upcoming** season. As soon as I walked in, I saw all the bright lights and shiny storefronts. I headed to my favourite store first and started browsing through the racks. I found a few cute tops and tried them on in the dressing room. As I was looking at myself in the mirror, I heard someone coming into the **dressing** room next to mine. I recognised their voice as one of my co-workers. We said hello and started chatting about work. After a few minutes, we both finished up and went our **separate** ways, but then ran into each other again later. We continued chatting and realised that we had more in common than we thought.

niet uit wat voor soort shopper je bent, iedereen lijkt te genieten van window shopping - zelfs als je niet echt iets koopt. Er is gewoon iets aan het kijken naar al die mooie dingen in de **etalages** dat me gelukkig maakt. Soms fantaseer ik over hoe het zou zijn als ik me **alles** kon veroorloven wat ik zie! Al met al is een dagje winkelen in het winkelcentrum een van mijn favoriete bezigheden. Het is een geweldige manier om te ontspannen en tot rust te komen, terwijl je ook een beetje beweging krijgt (als je maar genoeg rondloopt). Bovendien is het **altijd** leuk om jezelf af en toe te trakteren op een nieuw shirt of een paar schoenen!

Ik had een **lange** dag op het werk en had eindelijk wat tijd voor mezelf, dus besloot ik te gaan winkelen in het winkelcentrum. Ik had wat nieuwe kleren nodig voor het **komende** seizoen. Zodra ik binnenkwam, zag ik al die felle lichten en glimmende etalages. Ik ging eerst naar mijn favoriete winkel en begon door de rekken te snuffelen. Ik vond een paar leuke topjes en paste ze in de kleedkamer. Terwijl ik mezelf in de spiegel bekeek, hoorde ik iemand de kleedkamer naast de mijne binnenkomen. Ik herkende zijn stem als een van mijn collega's. We zeiden hallo en begonnen te kletsen over het werk. Na een paar minuten waren we allebei klaar en gingen we onze **eigen** weg, maar later kwamen we elkaar weer tegen. We praatten verder en beseften dat we meer gemeen hadden dan we dachten.

Comprehension Questions

1. Where do you like to store the most?

2. What is your favorite store in the mall?

3. How long do you usually stay at the mall?

4. What do you think about people who spend a lot of time at the mall?

5. what is your favorite thing to do at the mall?

6. Have you ever bought something at the mall when you didn't really need it?

7. How do you react when you see something at the mall that you would really like, but it is too expensive?

8. Have you ever seen something at the mall and wondered who would buy it?

9. What is your opinion about people who are busy with their cell phones in the mall instead of looking at the stores?

Begrip vragen

1. Waar sla je het liefst op?

2. Wat is je favoriete winkel in het winkelcentrum?

3. Hoe lang blijft u meestal in het winkelcentrum?

4. Wat vind je van mensen die veel tijd in het winkelcentrum doorbrengen?

5. Wat is uw favoriete bezigheid in het winkelcentrum?

6. Heb je ooit iets gekocht in het winkelcentrum terwijl je het niet echt nodig had?

7. Hoe reageert u als u in het winkelcentrum iets ziet dat u heel graag zou willen hebben, maar dat te duur is?

8. Heb je ooit iets in het winkelcentrum gezien en je afgevraagd wie het zou kopen?

9. Wat vindt u van mensen die in het winkelcentrum met hun mobieltje bezig zijn in plaats van naar de winkels te kijken?

At the Market

I wake up early on Saturday morning, eager to get to the **market** before it gets too crowded. I throw on some clothes and head out the door, grabbing my reusable bags on the way. As I walk, I start planning what I want to make for the week ahead. I know I want to **roast** vegetables at least once, so I'll need to buy some good quality vegetables. I also want to make a soup or stew, so I'll need to get some meat as well. I'll have to see what looks good when I get there. The market is only a few blocks away, and I can already see the stalls set up and the **people** milling about.

I arrive at the market and head straight for the vegetable stand. The selection is beautiful, and I fill my bags with a variety of **fresh** produce. I chat with the farmer for a bit, and he recommends some recipes to me. I'm excited to try them out. I chat with the **farmers** as I shop, getting to know them and their products. After I have all the vegetables I need, I move on to the meat section. I'm a bit more hesitant here, as I'm not sure what I want to get. I eventually decide on chicken because it is versatile and can be used in a variety of dishes. I also buy a few different cuts of meat, making sure to get grass-fed beef and free-range **chicken**. The butcher was a friendly man, always cheerful despite

Op de markt

Ik sta op zaterdagochtend vroeg op, popelend om naar de **markt te gaan** voordat het te druk wordt. Ik trek wat kleren aan en ga de deur uit, terwijl ik onderweg mijn herbruikbare tassen pak. Terwijl ik loop, begin ik te plannen wat ik de komende week wil maken. Ik weet dat ik minstens één keer groenten wil **roosteren**, dus ik moet wat groenten van goede kwaliteit kopen. Ik wil ook een soep of stoofpot maken, dus ik moet ook wat vlees kopen. Ik zal moeten kijken wat er goed uitziet als ik daar ben. De markt is maar een paar straten verderop, en ik zie de kraampjes al staan en de **mensen al rondlopen**.

Ik kom aan op de markt en ga meteen naar de groentekraam. Het aanbod is prachtig en ik vul mijn tassen met een verscheidenheid aan **verse** producten. Ik maak een praatje met de boer en hij raadt me een paar recepten aan. Ik ben enthousiast om ze uit te proberen. Ik maak een praatje met de **boeren** terwijl ik aan het winkelen ben en leer hen en hun producten kennen. Als ik alle groenten heb die ik nodig heb, ga ik naar de vleesafdeling. Ik aarzel een beetje, omdat ik niet zeker weet wat ik wil hebben. Uiteindelijk kies ik voor kip, omdat dat veelzijdig is en in allerlei gerechten kan worden gebruikt. Ik koop

the long hours he worked. He wrapped up my chicken breasts and steak before chatting to me about his weekend plans. I said goodbye to him and continued on my way. I also grabbed some eggs and cheese from the dairy section.

The market was bustling with people, all of them eager to get their **hands** on the fresh produce and meat that were on offer. The air was thick with the smell of garlic and onions, and the sound of laughter and conversation filled the air. I made my way through the crowd, picking out the other items I needed for my weekly shop. I filled my **basket** with fruit and vegetables, pasta and bread, before heading to the checkout. The queue was long, but it moved quickly. Finally, the last of the **groceries** were bought, and it was time to go home. The car was loaded up, and the drive home was long and tedious. The traffic was heavy and the heat was oppressive. Finally, the car pulled into the driveway and the relief was palpable. The house was cool and quiet, and it was a haven after the **hustle** and bustle of the market. Everything was put away, and the house was soon back to its usual peace and quiet. I had everything I needed to make some **delicious** meals for myself and for my family. It was good to be home.

ook een paar verschillende stukken vlees, en zorg ervoor dat ik grasgevoerd rundvlees en **scharrelkip koop**. De slager was een vriendelijke man, altijd vrolijk ondanks de lange uren die hij werkte. Hij pakte mijn kippenborst en biefstuk in voordat hij met me praatte over zijn weekendplannen. Ik nam afscheid van hem en vervolgde mijn weg. Ik heb ook nog wat eieren en kaas meegenomen uit de zuivelafdeling.

Het krioelde van de mensen op de markt, die allemaal stonden te popelen om de verse producten en het vlees dat werd aangeboden in **handen te** krijgen. De lucht hing vol met de geur van knoflook en uien, en het geluid van gelach en gesprekken vulde de lucht. Ik baande me een weg door de menigte en zocht de andere dingen uit die ik nodig had voor mijn wekelijkse boodschappen. Ik vulde mijn **mandje** met fruit en groenten, pasta en brood, voordat ik naar de kassa ging. De rij was lang, maar het ging snel. Eindelijk waren de laatste **boodschappen** gedaan, en was het tijd om naar huis te gaan. De auto werd volgeladen, en de rit naar huis was lang en moeizaam. Het verkeer was druk en de hitte was drukkend. Eindelijk reed de auto de oprit op en de opluchting was voelbaar. Het huis was koel en stil, en het was een oase na de drukte van de markt. Alles werd opgeborgen, en het huis was al snel weer in zijn gebruikelijke rust en stilte. Ik had alles wat ik nodig had om **heerlijke** maaltijden te maken voor mezelf en voor mijn gezin. Het was goed om thuis te zijn.

Comprehension Questions

1. Where is the person going?

2. What does the person want to buy?

3. How many bags does the person have?

4. How far away is the market?

5. What is the person doing right now?

6. What is everything in the market?

7. How many people are in the market?

8. How long did it take the person to buy everything?

9. How did the person go home?

10. What did the person do when he or she got home?

Begrip vragen

1. Waar gaat de persoon heen?

2. Wat wil de persoon kopen?

3. Hoeveel tassen heeft de persoon?

4. Hoe ver weg is de markt?

5. Wat doet de persoon op dit moment?

6. Wat is alles op de markt?

7. Hoeveel mensen zijn er op de markt?

8. Hoe lang heeft de persoon erover gedaan om alles te kopen?

9. Hoe is de persoon naar huis gegaan?

10. Wat deed de persoon toen hij of zij thuiskwam?

At a Cafe

It was a chilly **autumn** morning, and I had arranged to meet my friend Lily at our favourite cafe for a coffee. I wrapped up warm in my coat and scarf and set off. The leaves were falling from the trees and the air had a nip to it, but the sun was shining and it promised to be a beautiful day. As I walked, I **thought** about how good it was to have a friend like Lily. We had been friends for years, ever since we met at **university**. We bonded over our love of coffee and spending time chatting in cafes. Even though we now lived in different parts of the city, we still managed to meet up for coffee once a week. I arrived at the cafe, and Lily was already there, waiting for me. We hugged each other hello and then ordered our coffees. We found a table by the window and settled down to chat. The **coffee** was delicious, as always, and it was so nice to catch up with Lily. We talked about our week, our jobs, and our plans for the future. It was always so easy to talk to Lily, and I felt like I could tell her anything. After a while, we started to get hungry and **decided** to order some food.

We **ordered** our food and found a seat by the window. The sun was shining in through the window, making everything feel warm and happy. We chatted as we ate our food, enjoying the simple pleasure of being

In een café

Het was een kille **herfstochtend** en ik had met mijn vriendin Lily afgesproken in ons favoriete café voor een kopje koffie. Ik wikkelde me warm in mijn jas en sjaal en ging op weg. De bladeren vielen van de bomen en de lucht was een beetje fris, maar de zon scheen en het beloofde een mooie dag te worden. Terwijl ik liep, **dacht** ik aan hoe goed het was om een vriendin als Lily te hebben. We waren al jaren vriendinnen, sinds we elkaar op de **universiteit** ontmoetten. We kregen een band door onze voorliefde voor koffie en het kletsen in cafés. Ook al woonden we nu in verschillende delen van de stad, we kwamen nog steeds één keer per week samen om koffie te drinken. Ik kwam aan bij het café, en Lily zat daar al op me te wachten. We omhelsden elkaar en bestelden onze koffie. We vonden een tafeltje bij het raam en gingen zitten kletsen. De **koffie** was heerlijk, zoals altijd, en het was zo leuk om bij te praten met Lily. We spraken over onze week, onze banen, en onze plannen voor de toekomst. Het was altijd zo makkelijk om met Lily te praten, en ik had het gevoel dat ik haar alles kon vertellen. Na een tijdje begonnen we honger te krijgen en **besloten we** wat eten te bestellen.

We **bestelden** ons eten en zochten een plaatsje bij het raam. De zon scheen door het raam naar binnen,

in each other's **company**. The cafe was busy, but it didn't feel crowded. There was a feeling of peace and contentment in the air. As we finished our food, we sat for a while longer, just enjoying the peaceful **atmosphere**. We talked for a while about different things that had been going on in our lives. It was so nice to catch up with my friend and just **relax**. The sun was shining through the window, and it felt like **nothing** could ruin our perfect day.

Suddenly, I heard a loud crash. I turned around to see that a man had fallen through the ceiling and was lying on the floor in front of us. He was **covered** in dust and debris and appeared to be unconscious. My friend and I were both in shock as we stared at the man lying on the floor. We didn't know what to do or who to call for help. We just sat there staring at him, not knowing what to do. After a few minutes, I snapped out of it and called 911. The operator told me that someone would be there soon. I hung up the phone and told my friend what the **operator** had said. We both just sat there waiting for help to arrive. It felt like forever, but eventually an ambulance **showed** up. The paramedics rushed in and started working on the man.

waardoor alles warm en gelukkig aanvoelde. We babbelden terwijl we ons eten aten, en genoten van het simpele plezier om in elkaars **gezelschap** te zijn. Het was druk in het café, maar het voelde niet druk aan. Er hing een gevoel van vrede en tevredenheid in de lucht. Toen we ons eten op hadden, bleven we nog een tijdje zitten, genietend van de vredige **sfeer**. We praatten een tijdje over verschillende dingen die in ons leven waren gebeurd. Het was zo fijn om bij te praten met mijn vriend en gewoon **te ontspannen**. De zon scheen door het raam, en het voelde alsof **niets** onze perfecte dag kon verpesten.

Plotseling hoorde ik een harde klap. Ik draaide me om en zag dat een man door het plafond was gevallen en voor ons op de grond lag. Hij was **bedekt** met stof en puin en leek bewusteloos te zijn. Mijn vriend en ik waren allebei in shock toen we naar de man staarden die op de grond lag. We wisten niet wat we moesten doen of wie we moesten bellen voor hulp. We zaten daar gewoon naar hem te staren, niet wetend wat te doen. Na een paar minuten kwam ik bij en belde 911. De telefoniste zei me dat er zo iemand zou komen. Ik hing de telefoon op en vertelde mijn vriend wat de **telefoniste** had gezegd. We zaten daar allebei te wachten tot er hulp kwam. Het leek wel een eeuwigheid, maar uiteindelijk **kwam** er een ambulance. De ambulancebroeders snelden naar binnen en begonnen met de man te werken.

Comprehension Questions

1. Where does the man who falls through the roof come from?

2. Why is the woman with her friend in the café?

3. What is the two friends' favorite café?

4. How long have the two friends known each other?

5. What is the two friends' favorite drink?

6. In which city do the two friends live?

7. How often do the two friends meet?

8. What do the two friends talk about when they first meet at their favorite café?

9. What is the favorite food of the two friends?

10. Why is it so easy to talk to Lily?

Begrip vragen

1. Waar komt de man vandaan die door het dak valt?

2. Waarom is de vrouw met haar vriendin in het café?

3. Wat is het favoriete café van de twee vrienden?

4. Hoe lang kennen de twee vrienden elkaar al?

5. Wat is het favoriete drankje van de twee vrienden?

6. In welke stad wonen de twee vrienden?

7. Hoe vaak ontmoeten de twee vrienden elkaar?

8. Waar hebben de twee vrienden het over als ze elkaar voor het eerst ontmoeten in hun favoriete café?

9. Wat is het lievelingseten van de twee vrienden?

10. Waarom is het zo makkelijk om met Lily te praten?

Going Swimming

The pool was always a **refreshing** place to be, and today was no different. The sun was shining and the water looked inviting. I took a deep breath and dove in, feeling the cool embrace of the water. I swam laps for a while, enjoying the exercise and the chance to clear my head. After a while, I got out and dried off, then sat down on a towel to relax in the sun. I closed my eyes and let the **warmth** wash over me, feeling my muscles start to relax. Suddenly, I heard a splash and opened my eyes to see my little sister **paddling** around in the shallow end. I smiled and watched her for a while, then stood up and walked over to her. We chatted for a bit and paddled around together, enjoying each other's company. Soon, our parents joined us, and we spent the rest of the afternoon swimming and playing games together. It was always so nice to spend time with the family at the pool. There's **something** about being in the water that just seems to bring people together. Maybe it's because we're all equal when we're in the water—we can't hide our flaws or pretend to be something we're not. Or maybe it's just because it's fun! **Whatever** the reason, I was just glad that we could all come together and enjoy each other's company in such a special place.

Gaan zwemmen

Het zwembad was altijd een **verfrissende** plek om te zijn, en vandaag was dat niet anders. De zon scheen en het water zag er uitnodigend uit. Ik haalde diep adem en dook erin, de koele omhelzing van het water voelend. Ik zwom een tijdje baantjes, genoot van de beweging en de kans om mijn hoofd leeg te maken. Na een tijdje kwam ik eruit en droogde me af, waarna ik op een handdoek ging zitten om te relaxen in de zon. Ik sloot mijn ogen en liet de **warmte** over me heen spoelen, ik voelde mijn spieren ontspannen. Plotseling hoorde ik een plons en ik opende mijn ogen om mijn kleine zusje te zien **poedelen** in het ondiepe gedeelte. Ik glimlachte en keek een tijdje naar haar, stond toen op en liep naar haar toe. We kletsten wat en peddelden samen wat rond, genietend van elkaars gezelschap. Al snel kwamen onze ouders erbij, en we brachten de rest van de middag zwemmend en spelend door. Het was altijd zo leuk om tijd met de familie in het zwembad door te brengen. Er is **iets** met in het water zijn dat mensen samenbrengt. Misschien is het omdat we allemaal gelijk zijn als we in het water zijn - we kunnen onze gebreken niet verbergen of doen alsof we iets zijn wat we niet zijn. Of misschien is het gewoon omdat het leuk is! **Wat** de reden ook is, ik was gewoon blij dat we allemaal bij elkaar konden komen en van elkaars gezelschap

The sun was beating down on my skin and the smell of chlorine was in the air. I could hear the sounds of kids laughing and splashing around in the pool. I was lying on a **lounge** chair next to the pool, soaking up the sun and **enjoying** the day. I had my eyes closed and was just about to drift off to sleep when I heard someone walking up to me. I opened my eyes and saw a woman standing next to me. She was wearing a bikini and had a towel wrapped around her waist. She had long blonde hair and blue eyes. She was holding a bottle of **sunscreen** in her hand. "Do you mind if I put some sunscreen on your back?" she asked. "No, that's fine," I said, sitting up so she could reach my back. I felt her hands on my skin as she applied the sunscreen.

Her touch was gentle and the scent of the sunscreen was soothing. I closed my eyes again and let myself relax. I could hear the **sound** of her moving around, but I didn't open my eyes. I was content just lying there in the sun, listening to the sound of the waves **crashing** against the shore. After a few minutes, she walked away, and I opened my eyes. I watched her as she walked back to her lounge chair and picked up her book. She settled into her chair and began reading. I closed my eyes again and let myself drift off to sleep.

konden genieten op zo'n speciale plek.

De zon scheen op mijn huid en de geur van chloor hing in de lucht. Ik kon de geluiden horen van lachende kinderen die in het zwembad spetterden. Ik lag op een ligstoel naast het zwembad, te genieten van de zon en **de** dag. Ik had mijn ogen gesloten en wilde net in slaap vallen toen ik iemand naar me toe hoorde lopen. Ik opende mijn ogen en zag een vrouw naast me staan. Ze droeg een bikini en had een handdoek om haar middel gewikkeld. Ze had lang blond haar en blauwe ogen. Ze hield een fles **zonnebrandcrème** in haar hand. "Vind je het erg als ik wat zonnebrandcrème op je rug smeer?" vroeg ze. "Nee, dat hoeft niet," zei ik, terwijl ik rechtop ging zitten zodat ze bij mijn rug kon. Ik voelde haar handen op mijn huid terwijl ze de zonnebrandcrème aanbracht.

Haar aanraking was zacht en de geur van de zonnebrandcrème was kalmerend. Ik sloot mijn ogen weer en liet me ontspannen. Ik kon het **geluid** van haar bewegingen horen, maar ik opende mijn ogen niet. Ik was tevreden met het feit dat ik daar in de zon lag, luisterend naar het geluid van de golven **die** tegen de kust sloegen. Na een paar minuten liep ze weg, en ik opende mijn ogen. Ik keek naar haar terwijl ze terugliep naar haar ligstoel en haar boek oppakte. Ze nestelde zich in haar stoel en begon te lezen. Ik sloot mijn ogen weer en liet me wegdrijven in slaap.

Comprehension Questions

1. Where was the narrator when he begins the story?

2. What does the narrator smell when he opens his eyes?

3. What does the narrator hear when he opens his eyes?

4. Whose sunscreen does the woman give the narrator?

5. What is the narrator dreaming about?

6. Why is swimming in the sea so special for the narrator?

7.How does the water in which the narrator swims feel?

8. What does the narrator see when he comes out of the water?

9. What does the woman do after she puts the sunscreen on the narrator?

10. What do the narrator and the woman talk about at the end of the story?

Begrip vragen

1. Waar was de verteller toen hij het verhaal begon?

2. Wat ruikt de verteller als hij zijn ogen opent?

3. Wat hoort de verteller als hij zijn ogen opent?

4. Van wie is de zonnebrandcrème die de vrouw aan de verteller geeft?

5. Waar droomt de verteller over?

6. Waarom is zwemmen in de zee zo speciaal voor de verteller?

7. Hoe voelt het water aan waarin de verteller zwemt?

8. Wat ziet de verteller als hij uit het water komt?

9. Wat doet de vrouw nadat ze de verteller heeft ingesmeerd met zonnebrandcrème?

10. Waarover praten de verteller en de vrouw aan het eind van het verhaal?

Mowing the Lawn

It's 10 in the morning on a summer **Saturday**, and the sun is already beating down mercilessly. You trudge out to the garage to fetch the lawn mower, feeling like you're being **sentenced** to hard labor. You start mowing the lawn, making sure to go nice and slow so you don't miss any spots. As you're mowing, you think about how good it feels to be outside in the fresh air. As you start pushing the mower back and forth across the lawn, you see your neighbour out of the corner of your **eye**. You wave and say hi, and he waves back.

After a few minutes, you're done, and you head over to your neighbour's house to have a beer with him in the front garden. It's a **perfect** day—not too hot, with a gentle breeze blowing. You sit there in the shade of the tree, sipping your beer and chatting with your neighbour. It's days like this that make you appreciate summertime. Then you **head** inside for a well-deserved beer. You flop down in a chair on the front porch and crack open the can, letting out a contented sigh. The sound of the mower fades into the background as you relax in the shade, enjoying the **peacefulness** of the moment. The beer tastes extra good after all that hard work in the heat. I was about to head inside when I

Het maaien van het gazon

Het is 10 uur 's ochtends op een zomerse **zaterdag**, en de zon schijnt al ongenadig. Je sjokt naar de garage om de grasmaaier te halen, met het gevoel dat je **veroordeeld bent** tot dwangarbeid. Je begint het gazon te maaien, en zorgt ervoor dat je het rustig aan doet, zodat je niets over het hoofd ziet. Terwijl je aan het maaien bent, denk je aan hoe goed het voelt om buiten in de frisse lucht te zijn. Terwijl u de maaier heen en weer over het gazon duwt, ziet u uw buurman vanuit uw **ooghoek**. Je zwaait en zegt hallo, en hij zwaait terug.

Na een paar minuten ben je klaar, en je gaat naar het huis van je buurman om met hem een biertje te drinken in de voortuin. Het is een **perfecte** dag - niet te warm, met een zacht briesje. Je zit daar in de schaduw van de boom, nipt van je biertje en kletst wat met je buurman. Het zijn dagen als deze die je de zomer doen waarderen. Dan **ga** je naar binnen voor een welverdiend biertje. Je ploft neer in een stoel op de veranda, trekt het blikje open en slaakt een tevreden zucht. Het geluid van de maaier verdwijnt naar de achtergrond terwijl je in de schaduw ontspant en geniet van de **rust** van het moment. Het bier smaakt extra goed na al dat harde werk in de hitte. Ik stond op het

heard a noise next door.

It **sounded** like someone was crying. I stopped mowing and walked over to the fence that separated our yards. I peered over and saw my neighbor, Mrs. Johnson, crying on her porch swing. I called out to her, but she didn't hear me. I climbed over the fence and walked over to her. "Mrs. Johnson, are you okay?" I asked. She looked up at me with tears in her eyes and shook her head. "No, I'm not okay," she said. "My cat died yesterday." I was shocked. I didn't know what to say. I just stood there awkwardly, not knowing what to do. Finally, I put my hand on her **shoulder** and said, "I'm so sorry, Mrs. Johnson. If there's anything I can do to help, please let me know. " She shook her head and said, "No, there's **nothing** anyone can do." Then she got up and went inside her house. I stood there for a moment, not knowing what to do. Then I went back to mowing my lawn. As I finished up, I couldn't help but think about Mrs. Johnson and her cat.

punt om naar binnen te gaan toen ik een geluid hoorde bij de buren.

Het **klonk** alsof iemand huilde. Ik stopte met maaien en liep naar het hek dat onze tuinen scheidde. Ik keek om en zag mijn buurvrouw, mevrouw Johnson, huilen op haar schommelbank. Ik riep naar haar, maar ze hoorde me niet. Ik klom over het hek en liep naar haar toe. "Mevrouw Johnson, is alles goed met u?" vroeg ik. Ze keek met tranen in haar ogen naar me op en schudde haar hoofd. "Nee, het gaat niet goed met me," zei ze. "Mijn kat is gisteren gestorven." Ik was geschokt. Ik wist niet wat ik moest zeggen. Ik stond daar maar wat ongemakkelijk, niet wetend wat ik moest doen. Uiteindelijk legde ik mijn hand op haar **schouder** en zei: "Het spijt me zo, mevrouw Johnson. Als er iets is wat ik kan doen om te helpen, laat het me alsjeblieft weten. "Ze schudde haar hoofd en zei: Nee, er is **niets** dat iemand kan doen. Toen stond ze op en ging haar huis binnen. Ik stond daar een ogenblik, niet wetend wat te doen. Toen ging ik verder met het maaien van mijn gazon. Toen ik klaar was, moest ik denken aan mevrouw Johnson en haar kat.

Comprehension Questions

1. What time is it?

2. Where is the person mowing?

3. How does the person feel?

4. Why does the person have to mow slowly?

5. What kind of weather is it?

6. What is the person doing after mowing?

7. What does the person hear before going home?

8. Whois with Mrs. Johnson?

9. Why is Mrs. Johnson crying?

10. what does the person say to Mrs. Johnson?

Begrip vragen

1. Hoe laat is het?

2. Waar is de persoon aan het maaien?

3. Hoe voelt de persoon zich?

4. Waarom moet de persoon langzaam maaien?

5. Wat voor weer is het?

6. Wat doet de persoon na het maaien?

7. Wat hoort de persoon voordat hij naar huis gaat?

8. Wie is er bij Mrs Johnson?

9. Waarom huilt Mrs Johnson?

10. Wat zegt de persoon tegen Mrs. Johnson?

Getting a Haircut

I had been meaning to get a haircut for weeks, but somehow always managed to put it off. But with **Christmas** just around the corner, I knew I couldn't put it off any longer. I didn't want to show up to my family's Christmas dinner looking like a scruffy mess. So, early on Christmas morning, I made my way to the salon. Even though it was early, the salon was already busy with other people **getting** their hair done for the holiday. I took my place in the line and waited my turn. Finally, it was my turn in the chair. The stylist, a friendly woman named Jill, asked me what I wanted. "Just a trim, nothing too drastic," I replied. Jill got to work, snipping away at my hair. As she worked, I began to relax. It felt good to finally be taking care of myself. I had been so busy lately, running around taking care of everyone else, that I had let my own needs fall by the wayside. But not **anymore**. From now on, I was going to make time for myself.

When Jill was finished, I looked in the mirror and was pleased with what I saw. My hair looked tidy and polished—perfect for holiday gatherings. I **thanked** Jill and made a **mental** note to come back more often. From now on, I will take care of myself first and foremost. She got to work snipping away at my hair.

Naar de kapper

Ik wilde al weken naar de kapper, maar op de een of andere manier kon ik het steeds uitstellen. Maar met **Kerstmis voor de deur**, wist ik dat ik het niet langer kon uitstellen. Ik wilde niet op het kerstdiner van mijn familie verschijnen als een smerige puinhoop. Dus, vroeg op kerstochtend, ging ik naar de salon. Hoewel het nog vroeg was, was de salon al druk bezig met andere mensen **die** hun haar lieten doen voor de feestdagen. Ik nam plaats in de rij en wachtte op mijn beurt. Eindelijk was het mijn beurt in de stoel. De styliste, een vriendelijke vrouw die Jill heette, vroeg me wat ik wilde. "Gewoon een knipbeurt, niets te drastisch," antwoordde ik. Jill ging aan de slag en knipte mijn haar weg. Terwijl ze werkte, begon ik te ontspannen. Het voelde goed om eindelijk voor mezelf te zorgen. Ik had het de laatste tijd zo druk gehad met voor iedereen te zorgen, dat ik mijn eigen behoeften aan de kant had laten liggen. Maar **nu** niet **meer**. Van nu af aan, zou ik tijd voor mezelf maken.

Toen Jill klaar was, keek ik in de spiegel en was blij met wat ik zag. Mijn haar zag er netjes en gepolijst uit-perfect voor vakantie bijeenkomsten. Ik **bedankte** Jill en maakte een notitie om vaker terug te komen. Van nu af aan zal ik in de eerste plaats voor mezelf

I thought about how thankful I was that I had finally gotten around to getting my haircut. It felt good to know that I would look presentable for Christmas **dinner**. No longer would I have to worry about my family teasing me about my "scruffy" appearance. After a few minutes, the stylist was finished trimming my hair and gave me a quick blow dry. I looked in the mirror and was happy with what I saw—a clean-cut look that would be perfect for Christmas dinner. Now that my haircut was out of the way, I could focus on enjoying the holiday with my family. And I was even more thankful for that.

It felt so **liberating**, and I loved the way my new haircut looked. After I paid for my haircut, I went home and started packing for my trip. I **couldn't** wait to show off my new look to my family and friends. I knew they would be surprised when they saw me. On the day of my flight, I arrived at the airport with plenty of time to spare. I went through security without any problems, and soon I was on my way. As soon as I arrived at my destination, I could feel the excitement in the air. Christmas was definitely in the air! My family was there to greet me at the airport, and they were all amazed at my new haircut. We spent the next few days **catching** up and enjoying each other's **company**.

zorgen. Ze begon aan mijn haar te knippen. Ik dacht eraan hoe dankbaar ik was dat ik er eindelijk aan toe was gekomen om mijn haar te laten knippen. Het voelde goed om te weten dat ik er toonbaar uit zou zien voor **het kerstdiner**. Ik hoefde me geen zorgen meer te maken dat mijn familie me zou plagen over mijn "smerige" uiterlijk. Na een paar minuten was de styliste klaar met het knippen van mijn haar en föhnde ze me snel. Ik keek in de spiegel en was blij met wat ik zag: een strak geknipt kapsel dat perfect zou zijn voor het kerstdiner. Nu mijn kapsel achter de rug was, kon ik me concentreren op de feestdagen met mijn gezin. En daar was ik nog dankbaarder voor.

Het voelde zo **bevrijdend**, en ik hield van de manier waarop mijn nieuwe kapsel eruit zag. Nadat ik voor mijn kapsel had betaald, ging ik naar huis en begon ik in te pakken voor mijn reis. Ik **kon niet** wachten om mijn nieuwe look aan mijn familie en vrienden te tonen. Ik wist dat ze verrast zouden zijn als ze me zouden zien. Op de dag van mijn vlucht kwam ik ruim op tijd aan op de luchthaven. Ik ging zonder problemen door de beveiliging en al snel was ik op weg. Zodra ik op mijn bestemming aankwam, kon ik de opwinding in de lucht voelen. Kerstmis hing zeker in de lucht! Mijn familie was er om me op de luchthaven te begroeten, en ze waren allemaal verbaasd over mijn nieuwe kapsel. We brachten de volgende dagen door **met bijpraten** en genieten van elkaars **gezelschap**.

Comprehension Questions

1. What did the protagonist need to do before Christmas?

2. How did the protagonist feel about taking care of herself?

3. Who trimmed the protagonist's hair?

4. Why was the protagonist's family going to tease her?

5. How did the protagonist feel after getting her haircut?

6. What did the protagonist do after getting her haircut?

7. What was the protagonist's family's reaction to her haircut?

8. What did the protagonist do on Christmas Eve?

9. What made the protagonist's experience more special?

10. What would happen if the protagonist didn't get a haircut?

Begrip vragen

1. Wat moest de hoofdpersoon doen voor Kerstmis?

2. Hoe vond de hoofdpersoon het om voor zichzelf te zorgen?

3. Wie heeft het haar van de hoofdpersoon geknipt?

4. Waarom ging de familie van de hoofdpersoon haar plagen?

5. Hoe voelde de hoofdpersoon zich nadat ze naar de kapper was geweest?

6. Wat heeft de hoofdpersoon gedaan nadat ze naar de kapper is geweest?

7. Wat was de reactie van de familie van de hoofdpersoon op haar kapsel?

8. Wat deed de hoofdpersoon op kerstavond?

9. Wat maakte de ervaring van de hoofdpersoon specialer?

10. Wat zou er gebeuren als de hoofdpersoon niet naar de kapper zou gaan?

The park

The sun was setting, and the park was empty. I sat on the bench, waiting for my **friend**. We had planned to meet here an hour ago, but she was always late. Just as I was about to give up and go home, I saw her running towards me. "I'm so sorry," she panted as she reached the bench. "My train was **delayed**." "It's okay," I said **forgivingly**. "I just got here myself." We sat down and chatted for a while, catching up on each other's lives since we last met. The conversation flowed **easily**, and it felt like no time had passed at all since we last saw each other. As the sun set, we said our goodbyes and went our separate ways. The next time we met, it was in a different park. Again, she was late, but I didn't mind. It was nice to have someone to talk to who **understood** me. We talked about our dreams and **aspirations**, things we wanted to do with our lives. She told me about her plans to travel the world, and I shared my dream of becoming a writer. As the sun set on another day, we said goodbye once again, promising to keep in touch this time.

Years passed, and our **friendship** remained strong even though we lived in different parts of the country now. We kept in touch through letters and occasional phone calls, sharing news of our lives with each

Het park

De zon ging onder, en het park was leeg. Ik zat op het bankje te wachten op mijn **vriendin**. We hadden hier al een uur geleden afgesproken, maar ze was altijd te laat. Net toen ik het wilde opgeven en naar huis wilde gaan, zag ik haar naar me toe rennen. "Het spijt me zo," hijgde ze toen ze de bank bereikte. "Mijn trein **had vertraging**." "Het is goed," zei ik **vergevingsgezind**. "Ik ben hier net zelf." We gingen zitten en praatten een poosje, praatten bij over elkaars leven sinds we elkaar voor het laatst zagen. Het gesprek verliep **vlot**, en het leek alsof er helemaal geen tijd was verstreken sinds we elkaar voor het laatst hadden gezien. Toen de zon onderging, namen we afscheid en gingen onze eigen weg. De volgende keer dat we elkaar zagen, was in een ander park. Weer was ze te laat, maar dat vond ik niet erg. Het was fijn om iemand te hebben om mee te praten die me **begreep**. We spraken over onze dromen en **aspiraties**, dingen die we wilden doen met ons leven. Zij vertelde me over haar plannen om de wereld rond te reizen, en ik deelde mijn droom om schrijfster te worden. Toen de zon weer onderging, namen we afscheid van elkaar en beloofden we elkaar dit keer te blijven zien.

Jaren gingen voorbij, en onze **vriendschap** bleef sterk,

other. When she announced that she was getting married, I wasn't **surprised** - she had always been the **adventurous** type. But when she asked me if I would be her maid of honor at her wedding ceremony taking place halfway around the world from where I lived... that took some convincing! In the end though I couldn't let my best friend get married without me by her side so despite my fears (and after much pleading from her!)I **agreed** to go along for what turned out to be the **adventure** of a lifetime.

The day of the **wedding** finally arrived. I was nervous, but excited to be a part of such an important moment in my friend's life. The ceremony was beautiful, and she looked happy as she said her vows. **Afterward**, we celebrated with a big party – it seemed like everyone she knew had come to celebrate with her! It was a **magical** day that will never forget, and our friendship only grew stronger after that adventure. Now, years later, we still keep in touch. We've both **changed** a lot since we first met, but our friendship is as strong as ever.

ook al woonden we nu in verschillende delen van het land. We hielden contact door middel van brieven en af en toe telefoontjes, waarbij we nieuws over ons leven met elkaar deelden. Toen ze aankondigde dat ze ging trouwen, was ik niet **verbaasd** - ze was altijd al een **avontuurlijk** type geweest. Maar toen ze me vroeg of ik haar bruidsmeisje wilde zijn op haar huwelijksceremonie, dat halverwege de wereld zou plaatsvinden, van waar ik woonde... daar was wel wat overtuigingskracht voor nodig! Maar uiteindelijk kon ik mijn beste vriendin niet laten trouwen zonder mij aan haar zijde, dus ondanks mijn angsten (en na veel smeken van haar!) **stemde** ik ermee in om mee te gaan op wat het **avontuur** van mijn leven bleek te zijn.

De dag van de **bruiloft was** eindelijk aangebroken. Ik was nerveus, maar opgewonden om deel uit te maken van zo'n belangrijk moment in het leven van mijn vriendin. De ceremonie was prachtig, en ze zag er gelukkig uit toen ze haar geloften aflegde. **Daarna** vierden we het met een groot feest - het leek wel of iedereen die ze kende was gekomen om het met haar te vieren! Het was een **magische** dag die ik nooit zal vergeten, en onze vriendschap is na dat avontuur alleen maar sterker geworden. Nu, jaren later, houden we nog steeds contact. We zijn allebei veel **veranderd** sinds we elkaar voor het eerst ontmoetten, maar onze vriendschap is nog even sterk als altijd.

Comprehension Questions

1. Where did the author and her friend first meet?

2. Why was the author's friend late to their meeting?

3. What did the friends talk about when they met up again years later?

4. How did the author feel about attending her friend's wedding ceremony?

5. Describe the setting of the wedding ceremony.

6. How has the friendship between the two women changed over time?

7. What is the author's dream?

8. Where does the author's friend plan to travel?

9. Why was the author hesitant to attend her friend's wedding ceremony?

Begrip vragen

1. Waar hebben de auteur en haar vriendin elkaar voor het eerst ontmoet?

2. Waarom was de vriend van de auteur te laat op hun afspraak?

3. Waar hadden de vrienden het over toen ze elkaar jaren later weer ontmoetten?

4. Hoe vond de schrijfster het om de huwelijksceremonie van haar vriendin bij te wonen?

5. Beschrijf de omgeving van de huwelijksceremonie.

6. Hoe is de vriendschap tussen de twee vrouwen in de loop der tijd veranderd?

7. Wat is de droom van de auteur?

8. Waar is de vriend van de schrijver van plan heen te reizen?

9. Waarom aarzelde de schrijfster om de huwelijksceremonie van haar vriendin bij te wonen?

www.ingramcontent.com/pod-product-compliance
Lightning Source LLC
Chambersburg PA
CBHW050745180726
48003CB00020B/1663